Orbis Pictus Latinus

ORBIS PICTUS LATINUS

Hermann Koller

Vocabularius imaginibus illustratus

Lateinisches Bildlexikon

Dictionnaire latin illustré

Illustrated Latin Dictionary

Dizionario latino illustrato

Diccionario latín ilustrado

Artemis Verlag

Editio altera 1977

© 1976 Artemis Verlag Zürich und München
Printed in Switzerland
ISBN 3 7608 0424 1

Praefatio

Quid hic libellus velit, iis, quae Iohannes Amos Comenius Orbi Sensualium Picto suo praemiserat, optime declaratur: „Sensus ... obiecta sua semper quaerunt, absentibus illis hebescunt, taedioque sui huc illuc se vertunt; praesentibus autem obiectis suis hilarescunt, vivescunt, et se illis affigi, donec res satis perspecta sit, libenter patiuntur. Libellus ergo hic ingeniis ... captivandis et ad altiora studia praeparandis bonam navabit operam."

Nimium saepe notiones sermone Latino expressae non re vera perspiciuntur quia desunt cogitationes repraesentationesque rerum in animis lectorum saepiusque earum in loco auditur merus strepitus vocum nihil significantium. Huic infirmitati docendi mederi studebat Comenius primo vocabulario Latino imaginibus illustrato, quem posteriores multi imitati sunt – ad illustrandos sermones vernaculos! Lingua Latina autem adhuc caret vocabulario imaginibus illustrante res et conceptus peculiares Latinos, inter quos etiam adnumeranda sunt omnia, quae in Latinitate mediaevali hodiernaque accesserunt, nec non Graeca sub forma Latina in usum cottidianum introducta. Conatus sum illustrare notiones in litteris Latinis saepius occurrentes, ea autem intentione, ut res Romanae documentis Romanis demonstrentur. Ad hanc rem perpetrandam maximo usui mihi fuerunt A. Rich et Daremberg-Saglio, qui hodie perpaucis prae manu sunt. Eorum delineamentis saepe usus sum in conscribendo hoc libello. Definitiones autem verborum plerumque Forcellinio Thesauroque Linguae Latinae adiuvantibus confeci ita, ut breviores et ad captum discipulorum lectorumque inexpertorum aptiores fierent.

Insunt aliquot imagines, quae non ab omnibus rerum antiquarum peritis eodem modo explicabuntur. Cura mihi fuit in componendo hoc opusculo didactico, ut imagines vocabula in auctoribus inventa ante oculos ponerent, non ut in rebus dubiis iudicis mihi partes vindicarem. omnibus hoc libello comprehensis aut in schola cum discipulis aut in colloquiis Latinis Universitatis studiorum Turicensis cum studiosis aliquot annos usus sum ad legendos et interpretandos auctores Latinos. Latina autem Latine tractanda esse iamdudum mihi, monente Erasmo, persuasum est.

Lemmata huius opusculi non comprehendunt omnia, quae in legendis antiquorum scriptis explicatione egent. Multa desiderabuntur, quia nonnumquam imagines bene distincteque delineatas invenire non potui. Adiunxi proprio Marte aliquot mediaevalia et hodierna ut omnia se vicissim explicarent in libro et ut nexus idearum conceptuumque inter tempora antiqua et hodierna dilucidior fieret. Eodem spectant exempla e Margarita Philosophica, Historia de Gentibus Septentrionalibus, Orbe Sensualium Picto aliisque sumpta, quae demonstrabunt sermonem Latinum plus quam duo milia annorum viguisse semperque in flore esse.

Spero fore, ut hoc opusculum non inter semel legendos, ut ait Plinius, sed saepissime lectitandos libros collocetur. Sit venia primum experienti!

Turici, mense Septembri MCMLXXVI

abacus −i, m.

a) abacus est tabula calculatoria, qua utebantur arithmetici et geometrae.
b) abacus est tabula lusoria.

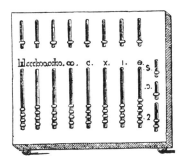

c) abacus erat etiam mensa vel tabula multis areis *(area)* iisque excavatis distincta, in quibus urceoli immittebantur et exponebantur oleo aut vino referti. saepe abaci exquisitā elegantiā facti, aerati ornatique sunt, in iisque exponebantur vasa aurea, argentea pretiosaque.

d) abaci dictae sunt etiam crustae, tabulaeve quadratae e marmore, vitro aut simili materia, quae multicolorae et imagines aliquas repraesentantes parietum ornamenta erant, iis tectorii *(tectorium)* vice insertae.

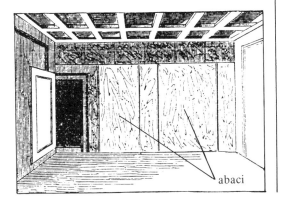

abaci

e) abacus in architectura est quadrata planities in summis columnarum capitulis (columna, *capitulum*).

acanthus −i, m.

acanthus est nomen commune cuiusque plantae spinosae, peculiariter est herba folio quam lactucae latiore multo et longiore, erucae modo incisuris divisa et laciniosa, in hortis nascens et locis humentibus (Acanthus spinosus L.).
foliis acanthi *capitulum* Corinthium formatur: vide duo exempla in imaginibus.

folia acanthi

aconītum −i, n.

herba venenata foliis cyclaminis aut cucumeris, non pluribus quattuor, ab radice leniter hirsuta: aconītum etiam ponitur de quocumque veneno: Ovidius, Met. 1, 147:
„lurida terribiles miscent aconīta novercae."

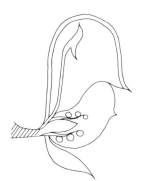

flos aconīti

ācrotērium −i, n.

significat summitatcm, extremitatem, verticem *(vertex)* cuiuscumque rei.
acroteria sunt parvae statuae seu sigilla, quae fastigiis *(fastigium)* templorum domuumque imponuntur, v. g. capita leonina aut humana, item integrae imagunculae, et alia huiusmodi ornatūs gratiā.

acroterium in fastigio templi Aeginae

acroteria
in templis
Romanis

acus −ūs, f. aut m.

acus est minimum acutissimumque instrumentum, quod constat ex ferro aliove metallo aut

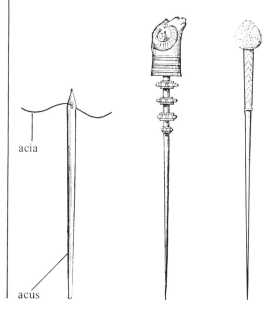

acia

acus

etiam ex eburno, et pluribus inservit usibus, ex. gr. vestibus consuendis aut ornandis.

formula: immittere lina per acum.

proverbium: acū rem tangere = est rem divinare. verbum: acuo, —ui, —utum, —ere = aciem ferri excitare, trahere, et proprie ponitur de falce, cultro *(culter)* etc. cui contrarium est „obtundere".

acia —ae, f.

est filum in acu ad suendum.

proverbium:

„ab aciā et acū omnia exponere", quod significat vel minutissimas res narrando exponere, totamque alicuius facti seriem alte ductis initiis diligenter nihilque prorsus omittendo explicare.

capsa acuum

adorans —antis, m. f., vel orans, —antis, m. f.

adorare = aliquem aliquid rogare alloquendo, deos adorare = deos precari.

gestūs adorandi:

habitus autem adorantium erat, ut dexteram ad os referrent et totum corpus dextrorsum circumagerent, aut ambas manūs palmis (palma) apertis ad caelum tollerent.

adorans, vel orans, e Callixti catacumbis, Romae

aedicula —ae, f.

est parva aedium pars, cella, cubiculum. ponitur etiam pro parva aede sacra, sacello.

Petronius, Sat. 29 in fine:

„grande armarium in angulo vidi, in cuius aedicula erant Lares argentei positi Venerisque signum marmoreum."

aedicula in Pantheone Romano *(Pantheon)*

aedicula portatilis

aedicula portatilis

aedituus —i, m.

aedituus (vel aeditumus) est sacrae aedis custos.
Plautus, Curc. 203/04:
„ ... sonitum et crepitum claustrorum audio,
aedituum aperire fanum ...“

aegis —idis, f. (acc. Graec. —ida)

a) est pellis caprae.
b) aegis est munimentum pectoris aeneum,
habens in medio Gorgonis caput.
Ovidius, Met. 6, 79:
„defenditur aegide pectus.“

c) ceterum aegis est scutum, quod ab antiquis
Iovi et Palladi tantum tribuitur.
Vergilius, Aen. 8, 354/55:
„credunt se vidisse Iovem, cum saepe nigrantem
aegida concuteret dextrā nimbosque cieret.“

Gorgo

aegis Palladis   aegis = lorica

Aesculapius —i, m.

est deus medicinae artis auctor et medicinarum
inventor. eius *symbolum* est baculum cui
serpens inhaeret.

aetates hominis

hoc modo <u>Amos Comenius</u> in opere, cui titulus est <u>Orbis Sensualium Pictus</u> septem aetates hominis gradibus ascendentibus et descendentibus scalae repraesentat:

		sic etiam in altero sexu:	
1 infans	5 vir	8 pupa	11 mulier
2 puer	6 senex	9 puella	12 vetula
3 adolescens	7 silicernium	10 virgo	13 anus decrepita
4 iuvenis			

affinitas —atis, f.

a) affinis est is, qui mihi vicinus est, cuius agri finem communem habent cum meis.

b) affines sunt, qui per nuptias copulantur. *(cognatio)* <u>gradus affinitatis</u> sunt:

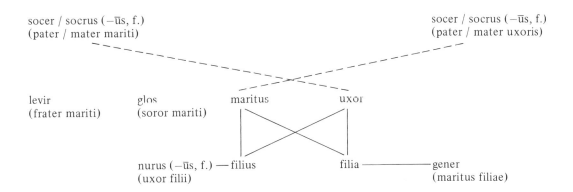

socer / socrus (−ūs, f.)
(pater / mater mariti)

socer / socrus (−ūs, f.)
(pater / mater uxoris)

levir
(frater mariti)

glos
(soror mariti)

maritus

uxor

nurus (−ūs, f.) — filius
(uxor filii)

filia ——————— gener
(maritus filiae)

<u>noverca</u> est uxor, quam vir post mortem primae uxoris in matrimonium ducit.
<u>vitricus</u> est maritus, cui femina post mortem primi mariti nubet.
<u>privignus</u> est filius primi matrimonii,
<u>privigna</u> est filia primi matrimonii.

agitator —oris, m.

agitator proprie est qui agitat; sed speciatim est qui equos aut alia iumenta agitat, <u>auriga</u>. <u>Cicero</u>, Acad. 2, 94:
„ego, ut agitator callidus, priusquam ad finem veniam, equos sustinebo."

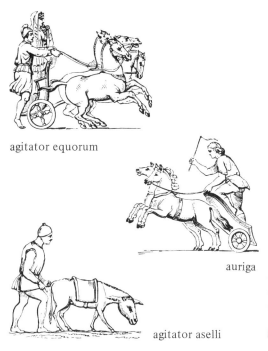

agitator equorum

auriga

agitator aselli

album —i, n.

a) erat tabula dealbata gypso illito, in qua nonnulla perscribebantur et proponebantur in publico, ut ab omnibus legi possent.
<u>Livius</u>, 9, 46 de Cn. Flavio:
„civile ius ... evulgavit fastosque circa forum <u>in albo</u> proposuit, ut, quando lege agi posset, sciretur."

b) tabula, in qua perscribebantur praetorum edicta, actiones, interdicta, actionum formulae, item litigatorum nomina actionesque, et alia huiusmodi ad forum civilesque contentiones spectantia.
c) album significabat etiam nominum indicem *(index)*, in quem omnes alicuius classis homines referebantur: album senatorum, etc.

allocutio —onis, f.

allocutio = nomen verbale verbi „ad-loquor".
allocutio est oratio, qua imperator milites ad pugnam hortatur.

allocutio imperatoris Romani in opere caelato.
1 imperator 2 lictores 3 signiferi 4 signa 5 vexillum 6 suggestum

alticinctus —i, m. (adi. —us, —a, —um)

est alte cinctas vestes habens; dicitur de homine
negotioso, qui alte cingit *vestimentum,* ut in
opere expeditior sit.

alvearium —i, n.

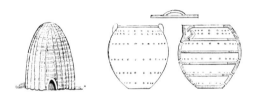

a) est vas in alvei modum cavatum.
b) speciatim occurrit pro vase, in quo apes nidi-
ficant et mellificant.
Vergilius, Georg. 4, 33 ss.:
„ipsa autem seu corticibus tibi suta cavatis
seu lento fuerint alvearia vimine texta,
angustos habeant aditūs ..."

Columella, R. R. 9, 5, 3:
„ubicumque fuerint alvearia, non editissimo
claudantur muro."
c) latiore sensu ponitur pro loco, in quo sunt
alvearia, quod et apiarium dicitur.

*ambo —onis, m.

ambo est apud ecclesiasticos scriptores suggestus
seu pulpitum, in quo stant contionaturi. in basi-
licis *(basilica)* christianis duo ambones erant, in
sinistro epistula legebatur, in dextro evangelium.
Cassiodorus, Hist. Eccl. 10, 4:
„episcopus residens super ambonem, ubi solebat
consuete facere sermonem."

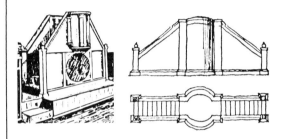

amphitheatrum —i, n.

est aedificium circulari seu potius ovali formā,
in usum spectaculorum exstructum. in eo erant
gradūs circum undique, et sedilia disposita ad
spectandum, in medio spatium, quod arena
dicebatur, quia arenā spargi solebat, ut ludentes

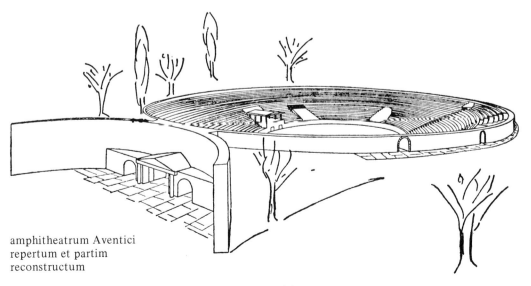

amphitheatrum Aventici
repertum et partim
reconstructum

commodius insisterent. praecipua certamina erant gladiatoria, venationes et damnatorum pugnae cum feris, *naumachiae* etc. non solum Romae, sed in omnibus oppidis provinciarum ubi milites stativa habebant, amphitheatra aedificata sunt.

amphora —ae, f.

est genus vasis, plerumque fictilis. habebat utrimque ansas *(ansa).* inserviebat praecipue ad liquores (oleum, vinum) condendos. amphorae in inferiore parte erant acutae, ut in abaco aut in harenā poni possent.

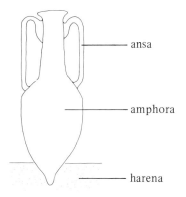

— ansa

— amphora

— harena

ampulla —ae, f.

est vasis genus ex vitro aut alia materia, turgidum velut inflato ventre, et angusto ore, quo oleum veteres in balneis *(balneum)* servabant; item quo in mensa ad acetum continendum, aliquando etiam ad bibendum utebantur.

ampullae

ampulla olearia

15

ancora —ae, f.

est ferreum instrumentum duobus instructum veluti bracchiis (bracchium) aduncis, quod alligatum fune (funis) in mare iacitur et fundo adhaerens naves detinet.

translate: ancoras tollere significat abire, discedere.

**ancora *symbolum* erat quo Christus significabatur.

Anglia sive Britannia Romana

GENTES
- ⊙ coloniae
- · oppida
- ▫ castra legionis

16

ansa —ae, f.

est manubrium quo vas aut quodcumque aliud manu prehendi et teneri potest.

— ansa

ansa staterae est pars illa, quae manu tenetur, habetque anulo suspensum scapum, qui in ea versatur.

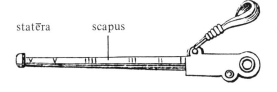

statera   scapus

ansa gubernaculi est summa pars gubernaculi, quam gubernator manu tenet.

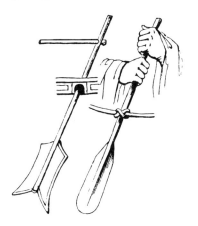

ansa ostii est anulus ferreus ostio (ostium) in-fixus, ad aperiendum, claudendum vel etiam pulsandum.

ansa crepidae aut vestium est vinculum et habenula, qua soleae *(solea)* et crepidae pedi alligantur, aut vestes in aliqua corporis parte constringuntur.

crepida

antefixum —i, n.

est parvum *signum,* corolla, aliudque huiusmodi ornamentum ex opere figulino, quod tecto aedis affigitur sub stillicidio. *stillicidium* est locus, unde aqua tectorum in terram decidit.

hoc antefixum fictile Argonautas cum dea Minerva monstrat

antlia —ae, f.

est machina ad hauriendam ex imo loco aquam, quae pedum alterno nisu et agitatu aquas per modiolos atque haustra attollit.

Martialis, 9, 18:
„sed de valle brevi, quas det sitientibus hortis,
curva laboratas antlia tollit aquas."

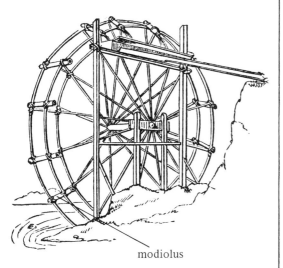

modiolus

antrum —i, n.

antrum est caverna, quae praecipue silvestrem
quandam pulchritudinem prae se ferat, et aestatis
tempore frigidum amoenumque recessum praebeat, aut alicui numini sacra sit. est vox poetis
quam aliis usitatior.

aplustre —is, n.

significat navis ornamentum ex tabulis con-
fectum, et in summitate *puppis* positum, et
plerumque in modum pinnarum aut cristae
(crista) formatum et versus *proram* recurvum.

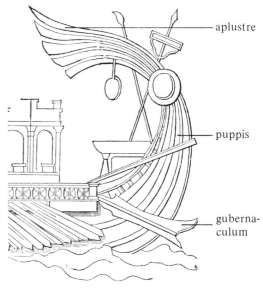

aplustre — puppis — guberna-culum

aplustre cum ancora

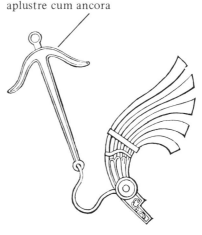

Apollo —inis, m.

Apollo (vel Phoebus), Latonae et Iovis filius,
frater Artemidis (Dianae). Deus est vatum
(vates), venator est munitus arcu *(arcus)* et
sagittā, artibus Musarum *(Musae)* praesidet et
eas ad choream ducit lyrā canens; etiam
citharoedus dicitur, i. e. ad citharam vel lyram
canens.
de Apolline Horatius in Carmine Saeculari
(61/62):
„*Augur* et fulgente decorus arcu
Phoebus acceptusque novem Camenis." (= Musis)

19   20

Apollo in tripode *(tripus)* sedens, supra mare volat, lyrā canens; arcu munitus est (= vates est, citharoedus et venator).

nomen graecum, relationem hominis in deos significans. quae relatio multis in fabulis narratur; nam Ganymedes, Thalia multique alii a Iove sub forma aquilae in caelum erepti esse dicebantur, sicut etiam Hylas a nymphis fontis, Oreithya a Borea, deo ventorum. hi homines, a deis rapti, immortalitate donati et semidei, i.e. heroes facti sunt.

eodem modo etiam *consecratio* imperatorum depingitur, ut in hoc opere caelato, ubi Titus ab aquila in caelum tollitur

apotheōsis —is, f.

Thalia ab aquila Iovis in caelum sublata in pictura vasis Graeci

aquaeductus —ūs, m.

vel aquae ductus, est structura, quā aqua deducitur, sive ea subterranea sit per cuniculos *(cuniculus),* sive ex opere arcuato.

aquaeductus ex opere arcuato apud Segoviam (in Hispania)

aquila —ae, f.

a) est avis ex genere rapacium, maximis valens viribus, ceterarumque pugnacissima et generosissima; ob id avium regina appellata.

b) quoniam in auguriis *(augur)* volatus aquilae omnium prosperrimus a Romanis habitus est, factum est, ut aquilae signum in exercitu ferre instituerint. itaque principem locum inter *signa* exercitūs aquila obtinebat, quae longae infixa perticae gestabatur, alis plerumque expansis et in unguibus tenens fulmina; singulae legiones suam habebant aquilam.

ara —ae, f.

ara cum
statua
Dianae

a) ara est exstructio quae ex saxis, terrā, vel etiam lignis fit formā quadratā et superficie *(superficies)* planā.

b) ara est locus exstructus saepe quadratā formā, sacrorum seu victimarum immolandarum causā. altare —is, n., pl. —aria, sunt loca ad sacrificandum apta; proprie altaria sunt gradus super aram elevatus, in quo *hostia* igni adolebatur.

aratrum —i, n.

est instrumentum rusticum quo agri laborantur. prima imago aratrum simplex, e bure et vomere compositum, monstrat.

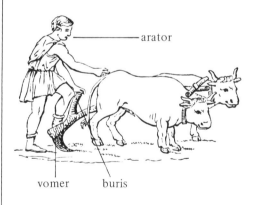

arator

vomer   buris

secunda imago aratrum perfectius continet.

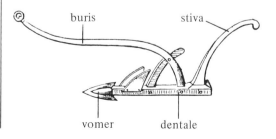

buris   stiva

vomer   dentale

tertium aratrum rotis, temone et cultro instructum est.

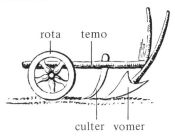

rota   temo

culter vomer

arca —ae, f.

arca est quidquid hominibus aut rebus claudendis et custodiendis inservit, receptaculum, in quo aliquid custoditur. in arca vestiaria vestes reponuntur; arca usurpatur pro receptaculo nummorum.

formula: „ex arca domoque" solvere aliquid = praesenti pecunia et ex domo sua debitum solvere.

architectus —i, m.

est praefectus structorum.

accipitur pro eo, qui architecturae artem callet, et in aedificiis aliisque structuris symmetriam, decorem ac distributionem omni studio consectatur. proverbium: ,,architectus architecto invidet", de iis, qui in eadem arte versantur, cuius similitudo aemulationem et invidiam conciliare solet.

architectus manibus stilum et *codicillum* tenens. sinistrā *norma* in pariete pendet, dextrā *perpendiculum*.

arcus —ūs, m.

arcus est instrumentum ex ligno aut alia materia, quod intento nervo incurvatur et remittitur ad iaciendas sagittas.

sagittarius barbarus (bracas *(bracae)* portans!) manu dextra nervum arcūs tendit.

pharetra cum sagittis et arcū

translate ob similitudinem dicitur ,,arcus" quidquid eiusdem arcūs formam prae se fert, v. g. arcus dicitur Iris caelestis. in architectura ,,arcus" dicitur structura in modum arcūs curvata. huiusmodi sunt, qui a natura ipsa in antris formantur; qui substruuntur ad sustinendas aedes aut pontes *(pons)*; qui ad *aquaeductus* erigendos, et qui eriguntur clari alicuius triumphi causa, ideo ,,triumphales" appellati; quorum adhuc aliquot visuntur Romae et circa Urbem imperatoribus dicati ob insignes ab iis partas victorias.

arcus Titi imperatoris Romae erectus.
fastigium eius tenet currus *(quadriga)* triumphalis.

area —ae, f.

a) area est locus vacuus et aridus, area est planities, in qua frumenta secta teruntur et arescunt.
b) area dicitur locus in urbe purus, h. e. vacuus,
in quo aedificari potest, et quod dirutis aedibus manet.
c) item area dicitur locus vacuus inter urbana
aedificia, cuiusmodi sunt plateae, etc. ex. gr.
area Capitolii, area Palatina. in antiqua forma
urbis Romae Area Radicaria indicatur.
areae saepe amplis porticibus *(porticus)* cinge-
bantur, ut venientium turba consistere posset.

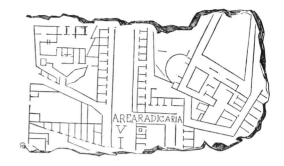

Argo —us, f.

a) fuit in fabulis *navis* celeberrima et prima
dicta, qua *Iason* cum flore iuventutis in
Colchidem navigavit *vellus*que *aureum* a *Medea*
adiutus in Graeciam reportavit.

b) est etiam sidus; fabulantur enim poetae a
Minerva post peractam navigationem in caelum
translatam esse, quod sua ope et consilio facta,
et quod prima percurrisset mare.

ope et consilio Minervae Argo exstruitur

armamenta navis

A prora
B oculus
C rostrum
E puppis
F aplustre
H remi
I gubernaculum
K malus
L velum
M antenna
N cornua
S pedes
T opifera

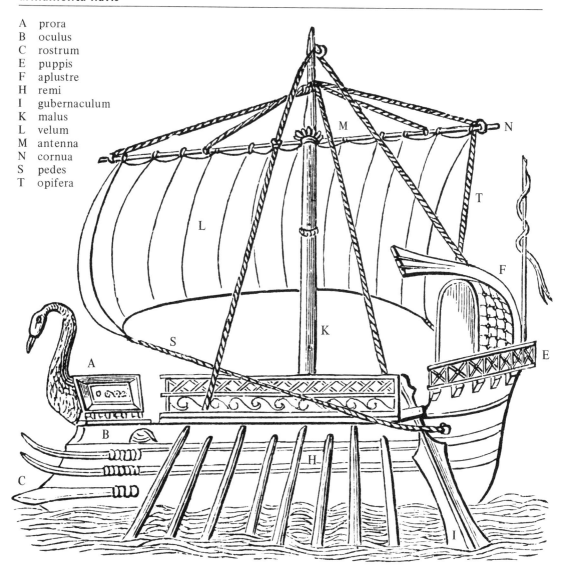

armilla —ae, f.

est bracchiale, hoc est circulus, seu anulus ex
auro, argento, aliāve materiā, quo bracchia
virorum et mulierum ornantur; et quo etiam
milites olim virtutis causā ab imperatoribus
donabantur.

septem artes liberales sunt: grammatica, rhetorica, dialectica: <u>trivium</u>; arithmetica, geometria, astronomia, musica: <u>quadrivium.</u>
his septem artibus pueri liberi instituebantur, unde <u>artes liberales</u> nominabantur.

trivium et quadrivium fundamenta sunt philosophiae. itaque in imagine ex Horto Deliciarum sumptā Philosophia tamquam regina in solio sedet, septem fluminibus ex pectore suo defluentibus septem artes nutrit.

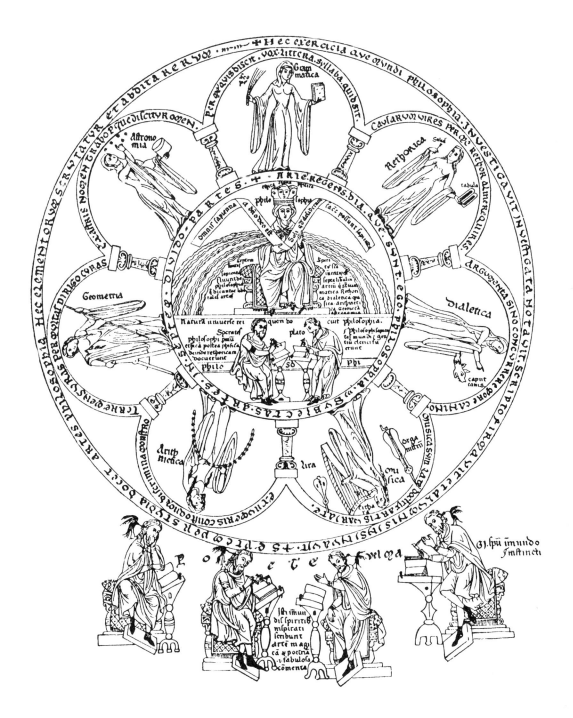

artifices et artificia

artifex est qui aliquam artem exercet. sumitur
non solum pro eo, qui artem mechanicam
exercet, sed etiam qui liberalem *(artes liberales)*.

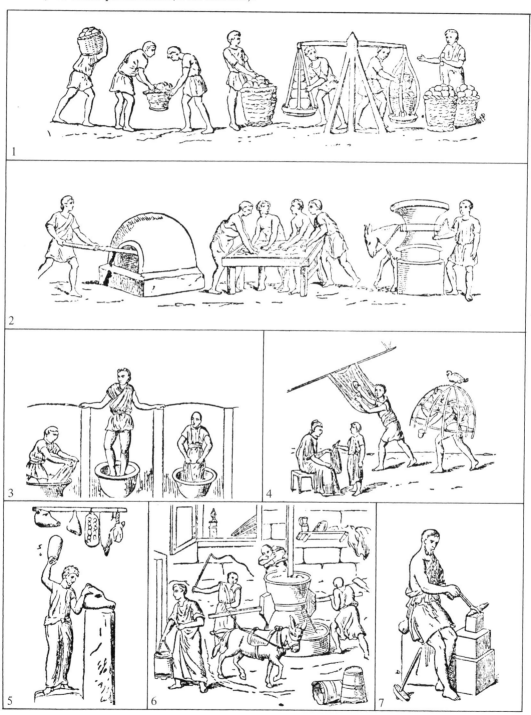

1, 2 pistor   4 textor   6 molinarius
     3 fullo   5 macellarius   7 faber aerarius

Nepos, Att. 13:
„erant in ea familia (sc. Attici) pueri littera-
tissimi, anagnostae (i. e. lectores) optimi, et
plurimi librarii. pari modo artifices ceteri, quos
cultus domesticus desiderat, apprime boni."

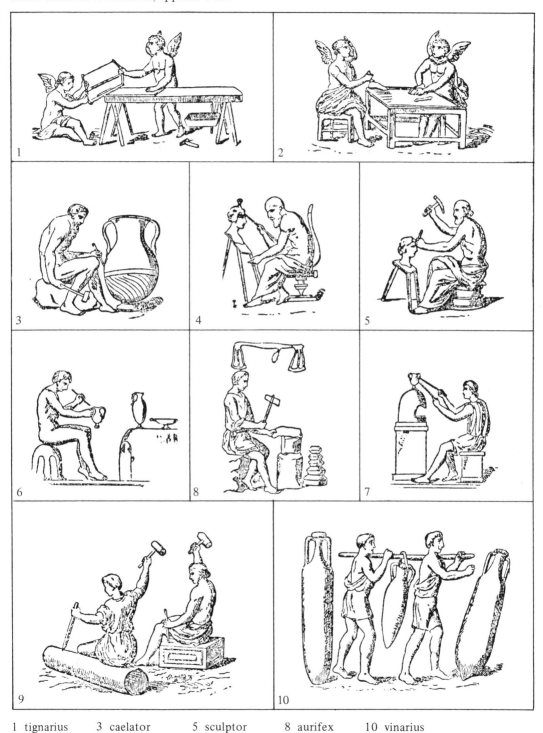

1 tignarius	3 caelator	5 sculptor	8 aurifex	10 vinarius
2 sutor	4 figulus	6/7 figulus	9 lapicīda	(mercator vinarius)

arx —cis, f.

arx est locus munitissimus urbis, summus et excelsus locus, cacumen, vertex montis, moenibus, turribus aliisque propugnaculis *(propugnaculum)* munitus. Romae arx erat in colle Capitolino; Athenis, Corinthi, in aliisque permultis urbibus Graecis arx „acropolis", h. e. „urbs in cacumine montis sita" nominabatur.

arx Athenarum

as assis, m.

a) as erat unitas ad rem quamlibet metiendam, ponderandam, pretio aestimandam.
b) pecunia ex aere facta, qua usi sunt Romani priore quidem tempore rudi, postea signatā: illa appendebatur *librā*. una ex parte Iano gemino, altera ex parte rostro *(rostrum)* navis aut capite Mercurii notatus erat as.

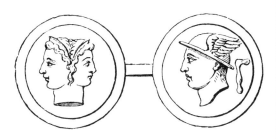

ascia —ae, f.

a) ascia significat quodcumque instrumentum findendo, secando, fodiendo, evellendo, percutiendo idoneum.

b) saepius est instrumentum ferreum, quo utuntur fabri lignarii ad ligna dolanda et polienda, ferrum habens latum et incurvum, manubriumque breve, ita ut tractari una manu possit.
proverbium: „ipse mihi asciam in crus impegi" = id, quod molitus sum, mihi ipsi perniciei fuit.

aspersio —onis, f.

est actus aspergendi, se aquā perfundendi; genus est lavationis ante sacrificia.
in imagine, famula aquam aspersionis *situlā* haurit, sacerdos ramum de arbore frangit, quo aspergat dei cultores.

aspersorium est instrumentum, quo participes
sacrificii asperguntur.

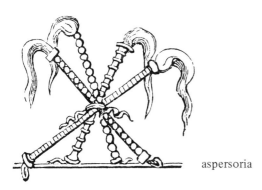

aspersoria

astragalus —i, m.

a) Graeca vox astragalus significat talum *(talus)*
pedis tum in homine, tum in animalibus, quo
etiam in ludis utebantur.
b) a Vitruvio pro membro architecturae, quod
figurā astragalum imitatur: habetque locum in
basibus columnarum, in superciliis, in coronis
et alibi.

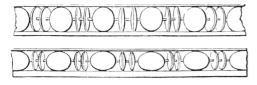

astragalus

Atlas —antis, m.

filius Aetheris et Diei; rex Mauretaniae. dux
fuit Titanum, qui bellum intulerunt Iovi, a
quo victus iussusque est ut in rebellionis poenam molem caeli sustineret.
Atlas etiam est nomen montis Africae, de quo
Vergilius, Aen. 6, 797:
,,... ubi caelifer Atlas
axem humero torquet stellis ardentibus aptum."
Atlantes in architectura dicuntur iidem, qui
telamones — figurae hominum qui columnarum
vice tecta aedificiorum sustinent.

atomus —i, f.

Gr. atomos — individuus, qui sectionem non
recipit. atomus est corpusculum minutissimum,
quod sectionem non recipit.
Democritus (V. a. Ch. n. saeculo) primus opi-
natus est ex atomis mundum et omnes mundi
partes factas esse, et omnia fieri, quae in mundo
gignuntur: motum atomorum aeternum esse.
***hodie vis atomica divisione aut sectione
nuclei (nucleus) atomi reserata, maximam
potentiam efficit.
***pyrobolum vi atomica explodens terrifi-
cantem vim destructionis obtinet.

augur —uris, m.

lituus

augur dextra
manu lituum
gestans; ad
eius pedes
est avis sacra

est vir, qui auctoritate publicā sacras aves alit,
custodit atque observat, et ex iis futura divinat.
multus fuit augurum et usus et honos apud
Romanos. tanta sacerdotio augurum erat
auctoritas, ut nihil belli domique Romani ge-
rerent, nisi prius per augures deorum voluntatem
explorassent. augures initio tres fuerunt, creati
a Romulo, ad quinque autem a Numā creati.
posterioribus temporibus saepe collegium augurum ampliatum est.
augurium, —i, n., est sacrarum avium educatio,
animadversio atque ex iis rerum futurarum
divinatio. ex volatu avium capiebant Romani
augurium prosperum quidem, si a sinistra parte
auguris advolassent, adversum autem, si dextera.
etiam e fulmine laevo laetum, e dextero triste
augurium putabant.

augur Coruncanius
a Iunone Sospita
coronatus

lituus —i, m., est baculus incurvus, quo augures
sedentes avibus templum designabant. lituo
Romulus regiones (= templa) direxit, tum, cum
urbem condidit.

Aurora —ae, f.

est initium diei „quo aer ab igne solis tum
aureo aurescit" ut ait Varro, L. L 7, 83.
in fabulis Aurora est filia Hyperionis et Aethrae;
mater Memnonis, qui ab Achille ante Troiam
occisus est, quem mater cottidie matutino
rore deflere dicitur.

in imagine e vase Graeco sumptā Aurora qua-
drīgam ducit praeeunte Phosphoro. ambo
nimbo (nimbus) praediti sunt. polypus, piscis
et delphinus mare indicant, e quo Aurora
emergit.

axis —is, m.

est res quaecumque, circa quam alia res vertitur,
speciatim est lignum illud teres, circa quod rota
currūs vertitur.
item axis dicitur linea imaginaria, quae ab uno
caeli cardine (cardo) seu polo, per centrum
terrae transiens, in alterum terminatur: circa
quam universa mundi machina circumvolvi
dicitur.
Cicero, de natura deorum, 1, 20, 52:
„mundus versatur circum axem caeli admirabili celeritate."

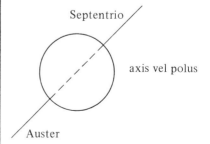

Septentrio

axis vel polus

Auster

balneum −i, n.

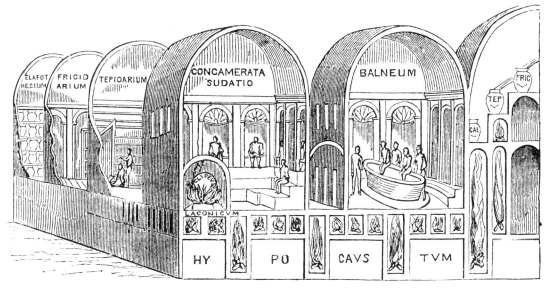

(imago e Thermis Titi imperatoris proveniens)

in *hypocausto* ignis ad calefaciendas concamerationes superiores alebatur. balneum (calidarium) conclave erat magnum, in quo ingens *labrum* videmus, cuius orae latiori, qui se lavabant, insidere poterant. concamerata sudatio sudantibus erat destinata. iunctum huic camerae est laconicum tamquam *fornax* immittendo calori aptum (idem erat, quod hodie Sauna Fennica nominatur). pone sudationem tepidarium videmus, in quo tepidior aer inter calidum frigidumque medium quasi tenebat. tepidario haerebat *frigidarium* et apodyterium (= vestiarium, *vestiarius*), in quo vestes deponere solebant.

primo in frigidarium intrabatur, ubi veste depositā corpus defricabant; hinc ad tepidarium transitus erat, unde post aliquantum temporis in sudationem procedebant; ex hac in balneum tandem calidum (i. e. in calidarium) perveniebant. Eodem ordine regredientes post lotionem in sudationem denuo intrabant, ibidemque aliquantum temporis commorati ad tepidarium et ex hoc ad frigidarium pergebant, ubi vestes induebant.

saepe in frigidario *baptisterium* erat, ampla piscina ad natandum. (apud ecclesiasticos scriptores speciatim baptisterium erat locus, in quo baptismi sacramentum solemni ritu administrabatur).

thermae balnea publica erant, quae in omnibus oppidis urbibusque imperii Romani magno sumptu aedificabantur. sed etiam in domibus villisque rusticis balnea privata eādem ratione instituta erant.

45

balteus −i, m.

a) cingulum militare, ab humero dextro sub sinistrum bracchium descendens, transversum pectus cingit.

balteus militaris (a)

b) balteum dixere zonam, qua ephippia *(ephippium)* equorum dorso adstringuntur, vel potius lorum pectorale, quod bullis *(bulla)* aureis ornari solet.

balteus equi (b)

46

c) apud astronomos est *zodiacus*.
<u>Manilius</u>, 1, 679:
„sed nitet ingenti stellatus balteus orbe."

balteus zodiaci (c)

d) baltei in theatris dicuntur praecinctiones,
quibus ordines spectatorum ab aliis separabantur.

balteus in theatro (d)

baptisterium —i, n.

est *piscina* frigida in frigidario *(frigidarium)*
balnei *(balneum)*, ubi post sudationem summer-
si sunt Romani. baptisterium a verbo Graeco
„baptizo", „submergor" nominatur. in piscina
baptisterii Christiani sacramentum baptismi
administrabatur, unde primae ecclesiae
Christianae etiam baptisterio, aedificio rotundo
cum piscina, praeditae erant.

basilica —ae, f.

a) proprie domum regiam significat Graece.
b) quia vero regum aedes ampliores esse solent

ichnographia basilicae Augustae Rauracorum prope Basileam sitae

atque ornatiores, Latini aeque ac Graeci basilicas appellaverunt aedes <u>publicas</u> spatiosis membris et ambulationibus instructas porticibusque *(porticus)* amplis saepe circumdatas. Saepe basilicae erant aedificia ad populi commodum facta, ut haberet, quo convenire posset ab aëris iniuriis munitus et negotia sua sub tecto agere. Hic etiam saepe iudicia exercebantur.

interior pars basilicae
versus apsidem

interior pars basilicae
(reconstructa) Augustae
Rauracorum

Pegasus

filius Neptuni et Eurynomes, Nisi filiae, rex
Ephyrae, sed regno spoliatus a Proeto, Argi-
vorum rege. apud illum eius iussu aulicam
vitam peregit. corporis pulchritudine, simul et
praeclarissimis maximisque virtutibus excelluit.
cum a Sthenoboea, uxore Proeti, interpellatus
esset, veritus hospitalis Iovis iram, lascivam
feminam reppulit. quare exardescens repulsa
mulier, apud virum innocentem hospitem accu-
savit, qui hospitii iure motus illum domi inter-
ficere non sustinuit, sed, datis codicillis, ad
Iobatem, socerum in Lyciam misit. lectis ergo
codicillis, Iobates in ultionem criminis multis
periculis eum obiecit, quae facile superavit.
postremo ad interimendam *Chimaeram* missus
est; quem etiam laborem, nactus Neptuni bene-
ficio Pegasum, equum ālatum, summa cum
laude superavit.
postea vero Bellerophontes, felici rerum successu
elatus, cum in caelum evolare cum Pegaso cona-
retur, ab Iove equo excussus decidit in terram.

bidens —dentis, m.

est, qui duos habet dentes. est etiam instrumentum rusticum ferreum, duobus velut dentibus
una ex parte instructum, aptumque ad terram
fodiendam.

bipalium —i, n., est instrumentum palae instar
latum, et ligneo oblongo manubrio praefixum
ad terram versandam et fodiendam.
falx —cis, f., est ferramentum incurvum ad varios usus in re rustica, quo segetes metuntur,
quo faenum secatur; alio genere falcis arbores
putantur.

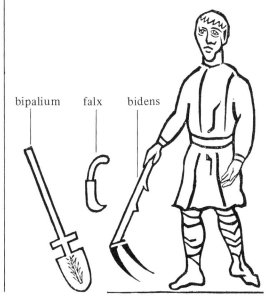

bipalium   falx   bidens

bigae —arum, f. pl. (vel biga, —ae)

a) bigae sunt duo equi iugo coniuncti.

b) bigae sunt currus duobus equis iunctus;
(quadrigae).

nummus bigatus est nummus antiquissimus,
denarius argenteus, qui bigis ornatus est.

bisellium —i, n.

bisellium erat sella plicabilis, latior, et duorum
capax, quamvis unus tantum in ea sederet. accipitur pro sella splendida atque honesta, et honoris causa praeclaris viris concedi solita atque
Augustalium in municipiis et coloniis propria,
ut publice in ea sederent, in ludis, in theatro, in
foro, in curia, ea ratione, qua Romanis magistra-
tibus *sella curulis,* cui simillima erat.

bracae —arum, f. pl.

sunt vestis barbarorum propria, ut Persarum,
Medorum, Sarmatarum, Gallorum, Germano-
rum, quae non femora solum, sed etiam crura,
immo et ventrem contegit.
a Romanis, sicut neque a Graecis, diu adhibita
non erat. Posterioribus tamen temporibus etiam

bracae

ad Romanos transiit. Milites Romani, qui in Gallia et Germania vivebant, hanc vestem, bracas Gallicas, usurpare coeperunt frigoris vitandi causā, ut etiam in opere caelato columnae Marci Aurelii videmus.

Ovidius de barbaris quibusdam, Trist. 5, 7, 49: „pellibus et laxis arcent mala frigora bracis."

bucina —ae, f.

bucina est instrumentum recurvum, in quod insufflando sonos edimus. bucina signis dandis inservit.

bucinator —oris, m.

est qui bucinā canit ad signa danda. imago bucinatorem in navi signa canentem monstrat.

bulla —ae, f.

a) est tumor globosus in aqua aut aliquo alio liquore excrescens, cum bullit aut spumam facit, et repente evanescens.

b) per similitudinem dicuntur bullae clavorum *(clavus)* capita, quibus ditiorum fores exornari solent, item quae cingulis *(cingulum)* et balteis *(balteus)* infigi.

c) praecipue bulla aurea dicta est *insigne* quoddam, quod a pueris Romanis e collo ante pectus loro suspensum gestabatur in *signum* ingenuitatis et fortunae. tempore sumendae togae virilis bullam una cum toga praetexta deponebant et Laribus (Lares) donabant sicut puellae Veneri pupas *(pupa)* suas.

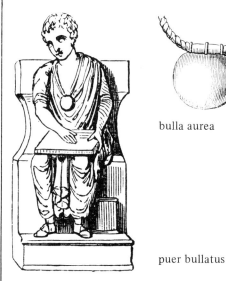

bulla aurea

puer bullatus

d) ** bulla est sigillum aureum pontificis Romani; ideoque etiam scripta bullis aureis sigillata „bullae" nominabantur.

Byzantium —i, n.

est urbs Thraciae ad Bosporum in promontorio *(promontorium)* inter sinum, qui „chrysoceras" = „cornu aureum" dicitur et propontidem sita; post Constantinum Constantinopolis nominata est; hodie „Stambul" appellata. hoc nomen ortum est ex verbis „eis ten polin", quae Graeci accolae, cum urbem adirent, usurpabant. Byzantium colonia Graecorum condita est anno a. Ch. n. 658 situ pulcherrimo ac tuto et commerciis *(commercium)* quam maxime idoneo. memorabile est eius *templum* rotundum Stae. Sapientiae (Hagia Sophia) dedicatum, quod imagine illustratur.

cādūceus −i, m. (aut −eum, −i, n.)

caduceus est virga Mercurii duobus serpentibus illigata.

Mercurius talaribus *(talaria)* caduceoque munitus

caducifer −i, m.

est qui caduceum *(caduceus)* gestat; epitheton
Mercurii.
Ovidius, Met. 8, 617:
,,venit Atlantiades (= Mercurius) positis cadu-
cifer alis.“

cadus −i, m.

cadus est vas condendo servandoque vino
praecipue aptum.
cadi, ut dolia *(dolium)*, ex fictili materia facti
sunt.

calcar −āris, n.

calcaria Romana

calcar est stimulus ferreus calci (calx) alligatus,
quo equos pungimus et incitamus, ut docet
Isidorus, Orig. 20, 16, 6:
,,calcaria dicta, quia in calce hominis ligantur,
id est in pedis posterioris parte, ad stimulandos
equos, quibus aut pugnandum est aut currendum.“
formula: concitare equum calcaribus. translate
dicitur pro stimulo et incitamento.
Cicero, de orat. 3, 9, 36:
,,in altero calcaribus, in altero frenis uti.“
id. ad Att. 6, 1, 12:
,,alter (puerorum) frenis eget, alter calcaribus.“

calcator −oris, m.

qui calcat, et speciatim qui calcat uvas.
(vide imaginem).
calcatorium est locus in *cella* vinaria, in quo
uvae calcantur.

calco —as, —avi, —atum, —are

est aliquid calce et pede premere. calx (calcis)
f. est inferior posteriorque pars pedis.
calcantur uvae in torculario (Cato, RR. 1/2)
(torculum).

calendarium —i, n.

a) Latini hoc nomine appellant librum, in quo
faeneratores perscribebant nomina eorum,
quibus pecuniam faenori dederant et pensionis
solvendae quantitatem. quoniam Kalendis
pecunia faenebris collocari solebat, et Kalendis
itidem, vel Idibus eius usura solvi.
b) **posterioribus temporibus calendarium
dictum est etiam liber, in quo anni, mensium
ac dierum ac lunarium mutationum ratio perscribitur, vide specimen calendarii ruralis in
illustratione apposita.

caliga —ae, f.

caliga est calceamentum militare, quo Romani
milites gregarii utebantur, constans *soleā* coria-
ceā, quae ferreis plerumque clavis *(clavus)*
muniebatur habebatque ligamenta plura, quibus tum superiori pedis parti, tum imae tibiae
circumdatis ligabatur; deminutivus: caligula.
hinc cognomen C. Caesari filio Germanici et
Agrippinae: Caligula.

calix —icis, m.

a) vas ollae formam habens.
b) vas coquendis cibis aptum.
c) item est poculum, ad calidam praecipue
bibendam, ex terra vel aliquo metallo constans,
nullis fere pedibus, mediocri altitudine, rotundum ac latum.

camera —ae, f.

est tectum incurvum in modum testudinis
(testudo), tectum in modum crucis arcuatum
sive ipsa tecti curvatura.
camera differt a fornice *(fornix)* in eo, quod
camera significat totum tectum fornicatum,
fornix vero de singulis etiam camerae arcubus
dicitur; quamquam hoc discrimen perpetuum
non est.

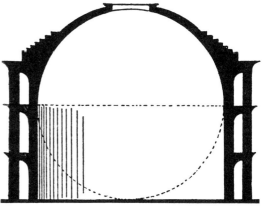

Campania —ae, f.

est regio Italiae australis, se protendens a Latio usque in Lucaniam, limites habens inter Latium, Samnium, Lucaniam et mare inferum, a monte Massico ad Silari ostium.
urbes et oppida:
Capua, caput Campaniae (adi. Campanus), Neapolis, Cumae, Baiae, Puteoli, Herculaneum, Pompeii, Stabiae, Surrentum, Salernum et alia.
viae: Via Appia (Furcae Caudinae), Via Campana, Via Popilia, Via Domitiana.
montes: mons Massicus, Furcae Caudinae, mons Vesuvius, mons Lactarius.
flumina: Volturnus, Sarnus, Silarus.

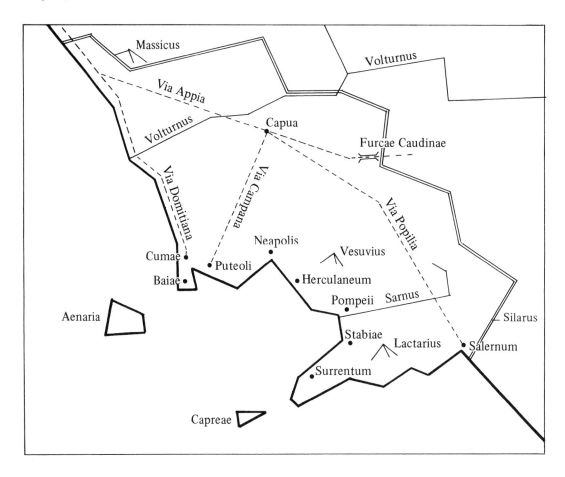

cancelli —orum, m. pl.

cancelli sunt saeptum ex rectis et obliquis lignis aut ferramentis, modicoque intervallo distinctis contextum, quo fenestrae, ianuae, scaenae, tribunalia muniri eorumque aditus praecludi solent.
Columella, R. R. 8, 17, 6:
„rivis, per quos exundat piscina, praefigantur aenei exiguis foraminibus cancelli, quibus impediatur fuga piscium.“

candelabrum —i, n.

candelabrum est instrumentum, in quo cande-
lae infiguntur. translate etiam candelabrum
dicitur instrumentum illud, quod non candelas
habet, sed oleum continet ad illuminanda
cubicula.

capitulum —i, n.

est pars superior *columnae.*
Vitruvius, de architectura 4, 1, 1:
„columnae Corinthiae, praeter capitula omnes
symmetrias habent ut Ionicae, sed capitulorum
altitudines efficiunt eas pro rata excelsiores
et graciliores.“

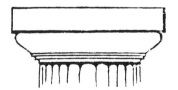

capitulum
Doricum

capitulum
Ionicum

capitulum Co-
rinthium acanthis
(acanthus) orna-
tum

capsa   ae, f.

capsa est *arca,* cista, scrinium, ex ligno vel
metallo aliquo, in quo praecipue volumina
librorum et tabulae et litterae reponebantur.
deminutivum: capsula, —ae, f., parva capsa ad
libros et chartas reponendas. formula dicendi:
„homo totus de capsula“ dicitur, qui summo-
pere munditiis studet, et in eo totus est, ut
exquisito cultu compositus ornatusque pareat.
Seneca, epist. 115, 2:
„nosti complures iuvenes, barba et coma nitidos,
de capsula totos: nihil ab illis speraveris forte,
nihil solidum.“

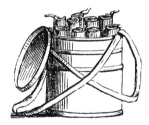

cardo —inis, m.

a) in machinationibus lignum aliquod in cavum
seu foramen alterius immittitur, ut versari
possit, cardo dicitur.
speciatim cardo est fulcimentum illud, cui
fores incumbunt et vertuntur. cardines apud
veteres plerumque infixi erant in superiore et
inferiore ostii parte, hoc est in superno et
inferno limine. *(limen)*

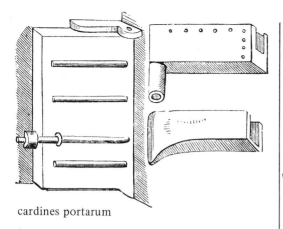

cardines portarum

b) in re astronomica et mathematica cardo est *axis* caeli, praecipue cardo dicitur polus septentrionalis, hinc in re agraria cardo est via, fossa, *limes* a meridie ad septentrionem ductus, quemadmodum <u>decumanus</u> limes est, qui ab oriente ad occidentem. hae lineae etiam in castris et oppidis condendis ducuntur et vias principales castrorum vel oppidi definiunt. *(castra)*

```
                septentrio
                    |
                    |
              c     |
              a     |
              r     |
              d     |
              o     |
                    |
occidens _____|_____ oriens
          decumanus |
                    |
                    |
                 meridies
```

carpentum —i, n.

carpentum est genus vehiculi, cuius forma varia. carpento in itineribus extra urbem raro admodum sed Romae plurimum in itineribus urbis matronae usae sunt.

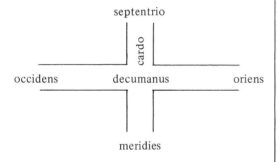

Caryatides —um, f.

Caryatides sunt statuae virginum quae pro columnis tectum aedificii sustinent *(Atlantes).* hae virgines Caryatides a loco <u>Caryae</u>, oppido in Peloponneso sito, nuncupatae, calathiscos (= corbes) capitibus portantes, <u>saltationem</u> in honorem Artemidis deae celebrabant.

casa —ae, f.

casa est domus vilis, tugurium, mapale, aedes deteriores et male constructae, cuiusmodi sunt, quas rustici et pauperes habitant.
<u>Seneca</u>, Ep. 90, 10:
„furcae utrimque suspensae fulciebant casam: spissatis ramalibus ac fronde congesta et in proclive disposita, decursus imbribus quamvis magnis erat. sub his tectis habitabant securi. <u>culmus</u> liberos texit: sub marmore atque auro servitus habitabat."

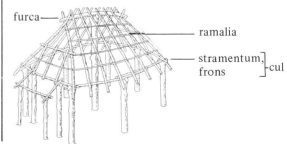

furca — ramalia — stramentum, frons ┤cul

castellum —i, n. deminutivum a „castrum"

a) castellum est locus militari opere munitus
exstructo aggere, vel muro cum fossa, quasi
parvum castrum.
b) translate castellum est locus operibus
munitus ac tutus.
c) castellum etiam nominatur receptaculum
aquarum in aquaeductibus *(aquaeductus)*,
ex quo aqua ex communi ductu per fistulas
in varia loca distribuitur: unde et „dividiculum"
dictum est; „aquam e castello ducere".
d) eodem nomine appellatur *labrum* amplum
in summo rotae aquariae *(rota)*, in quod in-
fluit aqua ex modiolis (modiolus), cum ad
summum elati invergi coeperint. (Vitruvius, 10, 4, 3)

castellum aquarum

Castor et Pollux

sunt Lacedaemonii, Iovis et Ledae, uxoris
Tyndarei filii dicti, ex eodem ovo eodemque
partu editi, fratres Helenae, quam a Theseo
raptam et Aphidnae custoditam liberaverunt;
Dioscuri, i. e. filii Iovis nominabantur. equorum tutores erant et saepe equis vehuntur, de
quibus Cicero, Nat. Deor. 2, 2,6:
„apud Regillum, in nostra acie Castor et Pollux
pugnare visi sunt."
Castor et Pollux alternā morte ab inferis re-
deunt seu alternatim vivunt.

templum Castoris et Pollucis
Romae aedificatum

sacrificium Dioscuris offertur

castra —orum, n. pl.

sunt locus, in quo exercitus cum in expeditione est, subinde consistit et vallo (vallum) fossaque munit, tentoria *(tentorium)* figit, quietem capit.
formulae: castra locare, castra movere.

e castris stativis saepe oppida eiusdem ichnographiae fiebant, ut etiam in aliquot hodiernis oppidis cernitur, ex. gr. Xanten.
castra cardine et decumano in quattuor quadrantes dividebantur.

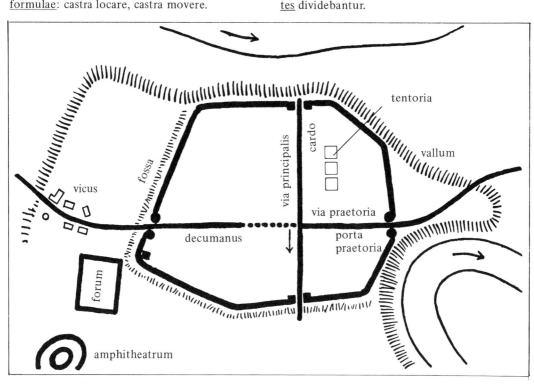

castra legionis Vindonissae sita

*catacumba —ae, f.

catacumba est sepulcrum arcuatum, subterraneum, seu potius *fornix*, hominibus sepeliendis apta. temporibus persecutionum saepe primi Christiani his in locis latuerunt.

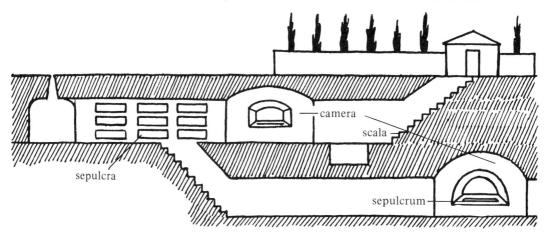

catapulta —ae, f.

est genus machinae militaris, quā sagittae et tela magno impetu longoque spatio iaciuntur.

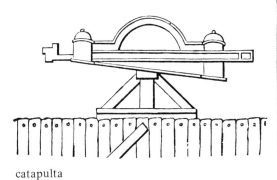

catapulta

cataracta —ae, f./cataractes m.

significat praecipitem eruptionem et descensum:
a) cataracta est locus angustus, praeruptus, et praeceps in flumine, ubi aqua illisa et refracta magno impetu ruit, qualis est in Nilo eo loco, quae Catadupa ab incolis appellantur.
b) sunt etiam cataractae claustra in fluminibus arte facta ad aquarum impetum temperandum vel ad aquas colligendas.
c) item genus est militaris obicis in urbium portis, qui funibus aut catenis cum aperitur, in altum tollitur, et cum opus est, iis repente solutus, citissime decidens, momento temporis aditum claudit.

cataracta in aditu pontis, cui inferior pars deest

catenarius —i, m.

est qui catenā ligatur, ut canis ad fores domūs custodiae causā.
imago repraesentat canem catenarium domūs Pompeianae cum inscriptione: cave canem!

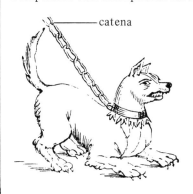

catena

cathedra —ae, f.

est Graeca vox, quae proprie significat sedile, sellam (sella curulis).
a) speciatim sumitur pro sella molliore et delicatiore, qua utebantur mulieres et delicati etiam homines.

cathedra mulieris in vase Graeco

b) dicitur etiam pro sella magistrorum et professorum.
**ponitur etiam pro sella et munere episcopali: ecclesia <u>cathedralis</u> est sedes episcopi.

cathedra professoris

caupo —onis, m. (cōpo)

significat quemcumque mercatorem et <u>institorem</u>, praecipue esculentorum poculentorumque venditorem.
caupona, —ae, f.
est taberna, ubi mercatores res vendunt, et praecipue ubi caupones vinum et cibos vendunt ac peregrinos excipiunt, ut in figura nostra.
<u>cauponari</u>:
est cauponam exercere, e quo verbo verbum germanicum „kaufen" derivatur.

lanius in laniēna: e pertica pendent caput vituli, perna aliaeque carnes

caupona Pompeiana

haec imago Pompeiana interiorem partem <u>cauponae</u> monstrat. de tecto pendent <u>tomacula</u> et carnes in retibus e pertica:

cavea —ae, f.

a) cavea significat cavum et vacuum, quod multis constat circulis inter se divisis ac distinctis.
b) accipitur pro loco concluso aut saepto, in quo bestiae asservantur.
c) accipitur etiam pro quodam ianuae versatilis genere.
d) item de saepto (<u>saeptum</u>) ex lignis et spinis, quo tenerae arbores a pecudum iniuriis muniuntur.
e) praeterea dicitur de loco, in quo sedet populus in theatris *(theatrum)*, quia concavus est et rotundus, tamquam cavea.

cella —ae, f.

cella est parva camera, semperque toti vel saltem ampliori aedificio opponitur.

a) in templis *(templum)* est pars sacratior et nobilior, in qua signa deorum stabant.

b) cella saepe est locus secretus in aedibus, in quo aliquid ad usum familiae reconditur.

c) in cella vinaria vinum servatur, in cella olearia oleum. sunt etiam cellae farinariae, pomariae, lignariae, caseariae etc.

cento —onis, m.

a) cento est vestis ex variis pannis veteribus ac diversi coloris consuta, qua pauperum lecti sternuntur, ipsique pauperes ac rustici amiciuntur.

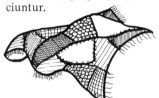

b) centones etiam dorso equorum mulorumque imponebantur, ne dorsum bestiae sellā tereretur.

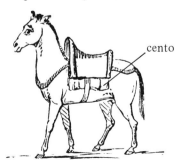

cento

c) translate dicitur genus carminis ex variis alieni operis hinc inde decerptis versibus, et ad alia significanda traductis consarcinatum, qualis est Cento Nuptialis ab Ausonio ex Vergilianis versibus compositus.

centurio —onis, m.

centurio est, qui centuriae praeest. legio enim in decem cohortes divisa erat: hae in ordines ternos, quorum praefecti centuriones dicti sunt.

cervical —alis, n.

est pulvinar quod vel ad mensam vel in cubiculo vel in *lectica* decumbentes cervici et capiti supponimus.

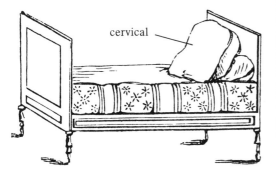

cervical

lectus

Charon —ontis / —onis, m.

Charon est portitor inferorum, Erebi filius, quem animas mortuorum per tria Inferorum flumina, Acherontem, Stygem et Cocytum ad ripam adversam cymbā transvehere fabulantur.

chimaera —ae, f.

est monstrum in Lyciā triplex, vertice nempe leonis, media parte caprae ignem vomentis, extrema in draconem desinens; a Typhone genitum ex Echidna. ad monstrum interficiendum missus est *Bellerophontes*, qui Pegaso, equo alato insidens, illud interemit.
chimaera saepe dicitur pro re, quae non exstat vel exstare non potest.

chimaera in vase Corinthio picta

cingulum —i, n.

cingulum est idem quod cinctus aut *zona*, a verbo cingo (cinxi, cinctum); cingulo succincta est tunica, ut expeditius se movere possit vir (homo *alticinctus).*

cingulum vel cestus

alticinctus

circinus —i, m.

est instrumentum, quo circuli designantur.
circini inventorem fuisse Daedalum narrat his
verbis Ovidius, Met. 8, 247 ss:
,,primus et ex uno duo ferrea bracchia nodo
vinxit, ut aequali spatio distantibus illis,
altera pars staret, pars altera duceret orbem.''
(orbis)

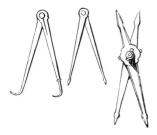

circulator —oris, m.

a) circulator dicitur, qui merces de domo in
domum vendit, et qui in omnibus auctionibus
praesto est, ut merces, quae ibi forte viliore
pretio vēnirent, coëmeret, deinde cum lucro
venditurus.
b) item circulator est homo circumforaneus,
qui congregatā multitudine in foro et per vicos
varia medicamenta proponit, et praestigiis,
saltationibus, cantu aliisque huiusmodi ludicris
plebem detinet et oblectat, lucri causa.
(cf. imaginem.)

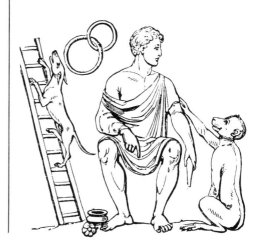

circus —i, m.

a) circus est omnis in gyrum (gyrus) ambitus;
deminutivus: circulus.
b) circus apud astronomos est orbis caelestibus
signis circumscriptus.
c) generatim circus erat planities aperta; fere
semper orbicularis, at figurā ellipticā, quae
publicis praecipue ludis edendis, populorum
conciliis habendis etc. inserviebat. Romae
plures circi erant. Circus Maximus locus erat
muris saeptus, in quo equi pugilesque exercebantur, sic dictus, quia orbicularis erat, longior
tamen quam latior, i. e. figurā ellipticā. Circus
Maximus etiam extra ludorum tempora magnā
semper populi frequentiā celebrabatur, cum eo
convenire solerent ludicrarum artium professo-
res, circitores (= circulatores), physiognomi,
somniorum coniectores, multique alii.
Iuvenalis, 10, 81:
(populus) ,,... nunc se
continet atque duas tantum res anxius optat,
panem et circenses ...''

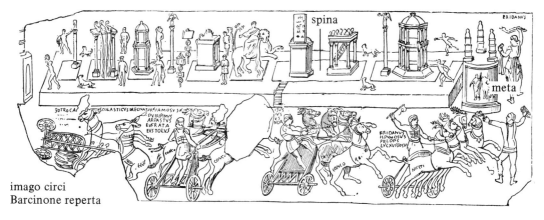

imago circi
Barcinone reperta

cirrus —i, m.

cirrus proprie est capillorum nodus in summo vertice *(vertex)* capitis, aut capillus naturā crispus seu contortus.
cirri etiam dicuntur fimbriae tenues in quibusdam vestibus, in extremitatibus earum dependentes.
**propter similitudinem hodie etiam configuratio nubium „cirri" nominatur.

gladiator cirro praeditus

classiarius —i, m.

classiarii sunt milites, qui e navibus *(navis)* pugnant. etiam nautae et remiges inter classiarios numerantur. classis, —is, f. est summa navium longarum.

cisterna —ae, f.

cisterna est receptaculum subterraneum aquae pluviae ex stillicidiis *(stillicidium)* collectae ad hominum usum, idque in tectis fiebat; contra „lacus" ad pecorum usum fiebat sub divo.

Varro, R. R. 1, 11,2:
„si omnino aqua non est viva, cisternae faciundae sub tectis et lacus sub divo: ex altero loco ut homines, ex altero ut pecus uti possint."

claustrum −i, n.

est quidquid claudendo inservit, vectis, sera, repagulum, quo ianua aut quidpiam aliud clauditur.

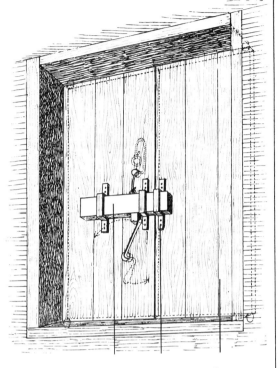

repagulum   sera   ianua

clava −ae, f.

clava est ramus ex arbore recisus cum nodis, cui maximum pondus inest in parte inferiore. clava numeratur inter antiquissima et rudiora arma.
Lucretius, 5, 966 s.:

claviger

„consectabantur silvestria saecla ferarum missilibus saxis et magno pondere clavae."
clava Herculi tribuitur, eoque telo plurima domuisse dicitur monstra: Hercules claviger.

clava

clavis −is, −ium, f.

est instrumentum ferreum, quo ostia (ostium), arcae *(arca)* et id genus multa clauduntur et aperiuntur.
Tibullus, 1, 6, 34:
„tua si bona nescis
servare, ah frustra clavis inest foribus."

monumentum funebre *(funus)* Atticum in opere caelato sacerdotem cum clave templi repraesentat

clavus −i, m.

clavus est quidquid obtunditur vel percutitur, seu quidquid percutiendo infigitur.
a) id quo aliquid figitur et alteri rei iungitur.

b) fustis, manubrium, quo gubernaculum navis torquetur.

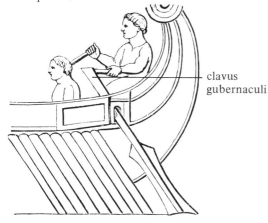

clavus gubernaculi

c) clavi in tunicis Romanorum erant segmenta, fere e purpura, ipsi tunicae assuta, ornatūs gratiā. latum clavum adhibebant senatores, angustum equites.
formulae: ad a) adigere clavum in arborem, figere aliquid clavis duplicibus, avellere clavum adactum.
mos fuit Romae dextro lateri aedis Iovis Capitolini, ex qua parte fuit Minervae templum, clavum quotannis idibus Septembribus figere, ideo singuli clavi erant indices numeri annorum.

clavus annalis

clipeus −i, m.

clipeus est scutum rotundum, quod milites *(miles Romanus)* sinistra manu gerebant tegendo ab ictibus corpori.

b) latiore sensu dicitur etiam clipeus discus ex aere, aut alia quapiam materia, in qua sculpebantur aut pingebantur deorum ac virorum magnorum imagines usque ad pectus repraesentatae. clipeata imago est imago in clipeo depicta vel sculpta. *(Triton)*

clitellae −arum, f. pl.

sunt *ephippia,* quae imponuntur dorsuariis iumentis, ad onera commodius gestanda.
formulae: clitellis apportare aliquid; clitellas asino imponere. proverbium: „bovi clitellas imponere", i. e. onus alienum imponere alicui: Quintilianus, 5, 11, 21:
„non nostrum, inquit, onus bos clitellas (videns)"; non est officium meum clitellas portare.

asinus clitellis onustus

cloaca —ae, f.

est *cuniculus,* aquae ductus subterraneus, lateribus vel lapidibus structus, ad deducendas aquam imbrium sordesque urbis. imago exitum <u>Cloacae Maximae</u>, quae etiam hodie exstat, in ripa Tiberis fluminis monstrat.

Cloaca Maxima in ripa Tiberis sita

cochlea —ae, f.

cochlea est limax, animal notum, testā inclusum tortili et turbinatā:

cochlea etiam nominatur <u>porta versatilis</u>, qua in ludis circensibus utebantur ad evitandas bestias feras, ut in hoc nummo describitur.

cochlea

cochlea est etiam machina haustoria ad aquam hauriendam et tollendam. est autem machina, cuius in medio rota est, quae dum a calcantibus *(calco)* versatur, machina intus cochleae instar detornata aquas exsorbet ex aquario saepto et retrorsus emittit.

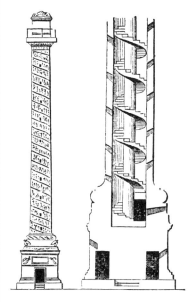

scala cochleata in interiore columna Traiana constructa

cochlear —aris, n.

a) est <u>ligula</u> ex altera parte acuta, ex altera latior et cavata: illā extrahuntur ex sua *testa* cochleae *(cochlea),* hāc ova *(ovum),* alii eiusmodi liquidiores cibi.
b) est etiam *mensura* liquidorum, quarta pars cyathi (<u>cyathus</u>).

cochlearia Romana

codicillus —i, m.

a) est parvus caudex vel arboris truncus.
b) codicilli (vel pugillares) sunt parvae tabellae
scriptoriae, cerā illitae, in quibus stilo perscribitur. his usi sunt veteres ante chartae inventio-
nem, cum per litteras aliquid alicui significandum
erat. formula: exarare codicillos.

cognatio —onis, f.

cognatio est communis origo, coniunctio naturae et sanguinis *(affinitas);* gradūs cognationis sunt:

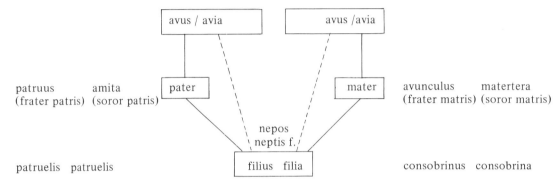

cohors —tis, f.

a) cohors est locus in villa, maceriis aut saepe
circumdatus, in quo altiles aves custodiuntur et
alia ad usum villae servantur.
b) cohors est etiam hominum multitudo, quae
personam aliquam circumdat, hominum manus,
comitatus. cohors praetoria circa imperatorem
erat custodiae causā. et sub imperatoribus auli-
corum quoque turba cohors dicta est (it. corte,
fr. cour).

colonia —ae, f.

colonia est pars civitatis aut sociorum deducta in aliquem locum, colendi et inhabitandi gratiā; itemque ipse locus.
<u>coloniae civiles</u> constabant ex civibus pauperibus, qui in aliquem locum agri colendi causā deducebantur; <u>coloniae militares</u> constabant ex militibus veteranis, qui in aliquem locum tamquam in laboris requiem deducebantur, simul ut adversus hostium incursiones praesidio essent.
<u>coloni</u> sunt cives unius civitatis in aliam deducti et eius iure utentes, a qua sunt propagati.

columbarium —i, n.

a) est locus, in quo habitant <u>c</u>olumbae.
b) a similitudine sic appellatur etiam cubile tigni et trabis in aedium parietibus.

c) item foramen rotundum in machina haustoria, per quod aqua in tympano *(tympanum)* concepta egreditur.
d) item loculus in sepulcris, in quo olla cinerum reponebatur. (vide illustrationem.)

commutatio —onis, f.

commutare est aliud pro alio substituere.
<u>Cicero</u>, Off. 1, 13, 39:
,,Regulus de captivis commutandis Romam missus (est).''
commutare vinum pro oleo, vel oleum pro vino; genus est <u>commercii</u> sine <u>pecunia</u>.

De commutationibus rerum, & mercium sine nummis.

imago sumpta ex Olai Magni opere

compedes —um, f. pl.

compedes sunt vincula, quibus servorum, captorum aliorumve pedes vinciuntur, e ligno aut
e ferro; compedibus opponuntur „*manicae*".
„compedītus" est servus compedibus vinctus.

compedītus

compendium —i, n.

a) est quidquid lucramur rem nostram servando.
formulae: compendium facere, compendi facere.
Plautus, Pers. 471:
„ego hodie compendi feci binos panes."
b) latiore sensu generatim est lucrum ex deminu-
tione operae, actionis, temporis ... et interdum
est abbreviatio.
compendium viae, quod saepius compendium
absolute dicitur, est via brevior.
formulae: compendio ducere aliquem = breviore
via ducere aliquem; viā compendiāriā ire.

compitum —i, n.

est locus, ubi plures viae competunt, hoc est
confluunt, sive *bivium* illud sit, sive *trivium*,
sive *quadrivium*.
adi. compitalis, a quo compitalia —ium, n. pl.
sunt dies attributi Laribus Compitalibus. celebrabantur hiemis tempore non multo post
Saturnalia. non tamen habebant diem certum,
sed concipiebantur quotannis a praetore.

arae in compito erectae

concordia —ae, f.

est unanimitas et consensus, eique opponitur
discordia, ut apud Sallustium, Iug. 10:
„concordiā res parvae crescunt, discordiā
maximae dilabuntur."

congiarium —i, n.

a) ad congium *(congius)* pertinens.
b) vas congiarium: quod congium capit.
c) congiarium est donum, quod antiquitus in
Romana re publica distribuebatur in populum,
et erant tot congii vini aut olei aut salis, etc.
Livius, 25, 2:
„Ludi Romani magnifice facti et congii olei in
vicos singulos dati."

donator congiarii in suggesto sedens *tesseras*
congiarii distribuit

congius —i, m.

est mensura liquidorum continens sextarios sex,
heminas autem duodecim. erat autem pars
octava *amphorae,* et vino aut aqua plenus pen-
debat libras decem. in hac imagine congium
praebente P. X. significat „pondo decem", h. e.
libras decem continens.

consecratio —onis, f.

dicebatur imperatorum defunctorum in deos relatio, quod primum in Augusto factum est. fiebat autem exstructo rogo *(rogus)* aromatibus farto immissoque igne; quo accenso *aquila* emittebatur, quam dicebant animam demortui ad deos evolantis.

exemplar mythicum huius consecrationis erat consecratio Herculis, qui a rogo inflammato sublatus in *quadriga* ab Amore Mercurioque ducta in caelum ascendit, ut in hac imagine vasis Graeci quarti saeculi a. Ch. n. videtur

constratum —i, n.

constratum ptc. consterno —stravi, —stratum, 3. c. sunt tabulae, aut aliud quidpiam constratum.
Petronius, Satyr. 100:
„... ut super constratum navis occuparemus secretissimum locum.“

constratum navis

Livius, 30, 10:
„levia navigia sub constratis pontium per intervalla excurrebant.“

constratum pontis

contignatio —onis, f.

contignatio est tignorum seu trabium series et contextus, ut in aedibus, quae membra superiora domūs sustinet.
Bellum Alex, 1:
„incendio tuta est Alexandria, quod sine contignatione sunt aedificia.“
contignatio opus est tignarii *(tignarius)*.

copula —ae, f.

a) est vinculum, nexus, quo plura simul ligantur
et connectuntur. specialiter dictum est de vinculo, quo alligantur canes venatici.
b) translate: amicus est copula virorum dissimi-
lium; e. gr. Atticus Ciceronem et Hortensium
tamquam copula vinculo amicitiae constrictos
habebat.
c) speciatim dicitur de verborum nexu et com-
positione.
d) **in logica: copula est nexus verbalis inter
subiectum et praedicatum; plerumque copula
verbum auxiliare est.

canes venatici copula iuncti

corbis —is, f./m.

corbis est vas e vimine, ad usus rusticos, praesertim colligendorum fructuum. corbis etiam
mensura est. per corbem mensuram vini facere
est metiri modum vini ex modo uvae, cuius
mensura per corbem definiri solet.

corbita —ae, f.

est navis oneraria duorum mālorum (mālus, —i),
quorum unus corbem *(corbis)* gestat, e quā
cursus *navis* observabatur. a vocabulo „corbita“
derivatur fr. gall. „corvette“.

cornicen —cinis, m.

est is, qui cornū *(instrumenta musica)* signa
canit; confer: *tibicen,* qui tibiā canit, *fidicen,*
qui fidibus canit. f.: tibicina, fidicina.

cornicen
in *arcu*
Constantini
fictus

corona —ae, f.

corona
triumphalis

corona
ovalis

corona
obsidionalis

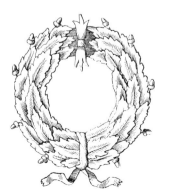

corona
civica

corona est ornamentum circulare capitis, sertum, strophium. coronae, quae virtutis ergo dabantur, diversorum generum fuerunt, scilicet corona vallaris, c. castrensis, c. civica, c. muralis, c. navalis, c. obsidionalis, c. triumphalis, de quibus Gellius, 5, 6:

„triumphales coronae sunt aureae, quae imperatoribus ob honorem triumphi mittuntur ... obsidionalis est, quam ii, qui liberati obsidione sunt, dant ei duci, qui liberavit ... civica corona apellatur, quam civis civi, a quo in proelio servatus est, testem vitae salutisque perceptae dat ... muralis est corona, qua donatur ab imperatore, qui primus murum subiit inque oppidum hostium per vim ascendit; idcirco quasi muri pinnis decorata est. castrensis est corona, qua donat imperator eum, qui primus hostium castra pugnans introivit; ea corona insigne valli habet. navalis est, qua donari solet, maritimo proelio qui primus in hostium navem vi armatus transsiluit; ea quasi navium rostris insignita est. et muralis autem et castrensis et navalis fieri ex auro solent. ovalis corona murtea est: ea utebantur imperatores, qui ovantes urbem introibant.
ovandi ac non triumphandi causa est, cum aut bella non rite indicta neque cum iusto hoste gesta sunt, aut hostium nomen humile et non idoneum est ut servorum piratarumque, aut deditione repente facta ‚impulverea‘, ut dici solet, ‚incruentaque victoria obvenit‘.“

corona
muralis

corona
vallaris

corona
navalis

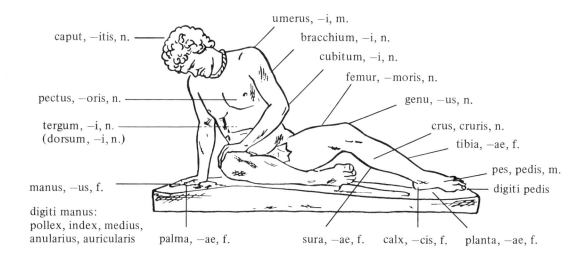

caput, —itis, n.

umerus, —i, m.

bracchium, —i, n.

cubitum, —i, n.

femur, —moris, n.

pectus, —oris, n.

genu, —us, n.

tergum, —i, n.
(dorsum, —i, n.)

crus, cruris, n.

tibia, —ae, f.

pes, pedis, m.

manus, —us, f.

digiti pedis

digiti manus:
pollex, index, medius,
anularius, auricularis

palma, —ae, f.

sura, —ae, f.

calx, —cis, f.

planta, —ae, f.

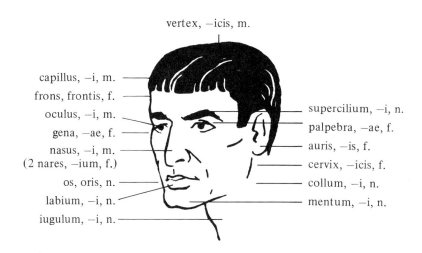

vertex, —icis, m.

capillus, —i, m.

frons, frontis, f.

oculus, —i, m.

gena, —ae, f.

nasus, —i, m.
(2 nares, —ium, f.)

os, oris, n.

labium, —i, n.

iugulum, —i, n.

supercilium, —i, n.

palpebra, —ae, f.

auris, —is, f.

cervix, —icis, f.

collum, —i, n.

mentum, —i, n.

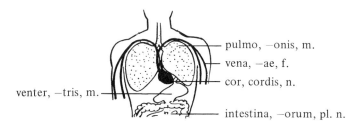

pulmo, —onis, m.

vena, —ae, f.

cor, cordis, n.

venter, —tris, m.

intestina, —orum, pl. n.

103

104

corrigia —ae, f.

corrigia est lorum, quo calcei et *caligae* ligantur, saepe e corio canino facta.

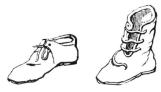

calcei corrigiis ligati

cortina —ae, f.

a) cortina est vas rotundum et concavum ad varios usus.

cortina

b) latiore sensu cortina dicitur *tripus* ipse Apollinis, ex quo responsa oraculorum dabantur, quod tripodi impositum erat vas cortinae similitudinem habens.

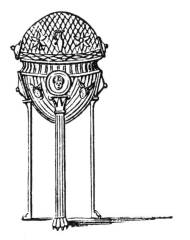

cortina in tripode

crates —is, f.

a) crates est instrumentum ex subtilibus lignis vel viminibus aliāve materiā, directis transversisque modico intervallo contextis, ad varios usus.
b) crates ferrea carni torrendae inservit.

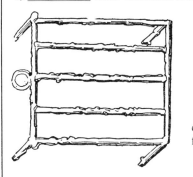

crates
ferrea

crepīdo —inis, f.

est basis alta et erecta, fundamentum, fulcrum. crepido est moles alta et abrupta, quā maris *litus* vel ripa fluminis munitur contra aquarum impetūs.
crepidines viarum sunt margines vel gradus ex petra, ipsā viā aliquanto editiores, qui et commodius praetereuntibus iter et meliorem domibus accessum praebent.

semita Pompeiorum cum crepidinibus

crepitaculum —i, n.

est instrumentum ludorum ex aere aliāve materiā, quod manu concussum crepitat ac sonum reddit.
Martianus Capella, 9, 314:
„infantibus crepitacula vagītūs abrumpunt."
vox derivatur a voce crepitus, crepitare: pedum crepitus, cardinum crepitus. formula dicendi: crepitus digitorum, vel crepere digitis.
Martialis, 3, 82:
„digiti crepentis signa novit eunuchus."

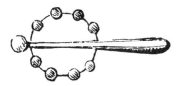

cribrum —i, n.

est instrumentum crebris et minutis foraminibus pertusum, ex pellibus perforatis, vel lino, aut

cribra in opere caelato sepulcri Eurysacis pistoris (pistor), Romae

setis, aliave materia contexta, quo frumenta, farina, et alia cernuntur et purgantur.
proverbium: „cribro aquam ferre" dicitur pro operam perdere, frustra laborare.
verbum derivatum: cribro, —as, —avi, —are = secernere, purgare.

crista —ae, f.

a) crista est apex in vertice gallinacei generis.
Plinius, H. N. 10, 156:
„gallinarum generositas spectatur cristā erectā"
b) dicitur etiam de apice galeae (galea).
Livius, 9, 40:
„cristatae galeae, quae speciem magnitudini corporum adderent."

cristae in galeis

crypta —ae, f.

a Graeco krypto = „abscondo".
crypta est locus fere subterraneus fornice (fornix) tectus cum fenestris (fenestra) in

crypta villae Pompeianae

summitate modo. saepe haec vox de granario subterraneo usurpabatur.

Vitruvius 6, 5, 2:

„in aedibus cryptae, horrea, apothecae, ceteraque quae ad fructus servandos magis quam ad elegantiae decorem possunt esse."

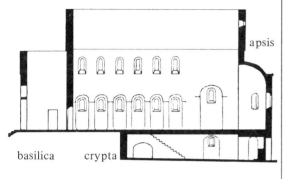

basilica   crypta   apsis

**crypta est pars inferior aedis sacrae, aram, sepulcraque sanctorum complectans.

Ctesibica machina

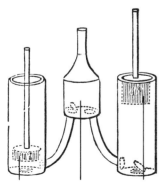

modiolus   catinus   modiolus

est machina, quae in altitudinem aquam educit. fuit autem Ctesibius vir Alexandrinus, qui sub Ptolemeo Philadelpho floruit et pneumaticam rationem atque hydraulica organa (organum) repperit.

cuculla —ae, f. / cucullus —i, m.

est pars vestis a tergo pendentis, qua caput tegitur pluviae vel tempestatis causā.
cucullatus est is, qui vestem cum cuculla fert.
**multi monachi vestem cucullatam gerunt.

agricolae cucullati, qui olivas metunt

puerulus cucullatus

cucullus erat etiam involucrum chartaceum, quo a pharmacopolis aliisque institoribus pulveres ac similia clauduntur.

culina —ae, f. / coquina —ae, f.

utensilia culinae domus Pompeianae:

apalare
sartago
cyathus

cochlear

caldarium

tripus

repositorium
cyathus
colum

olla
clavis

creterra

(creterra
et calda-
rium sunt
vasa aenea)

culter —tri, m.

in hac imagine depicta est taberna cultrarii, qui
cultros cuiusque generis et formae vendit:

cumulus —i, m.

cumulus est acervus multarum rerum in altitudinem congestarum.
formula dicendi: struere cumulos auri.
**cumulus est configuratio nubium, quae tem-
pestatem aut bonum tempus praenuntiant.

cumuli

cuneus —i, m.

a) cuneus est instrumentum ferreum aut ligneum,
quo finduntur ligna, cuius pars inferior acuta
est, superior lata et ampla.

cuneus

Vergilius, G. 1, 144:
„... cuneis scindebant fissile lignum.“
b) cuneus improprie dicitur quidquid cunei figuram refert.
c) sumitur et pro sedilium ordine et scalarum directione in theatris *(theatrum)* et amphitheatris *(amphitheatrum)*, quae ita cum praecinctionibus disposita erant, ut universam sedilium seriem in partes cuneorum similes dividerent.

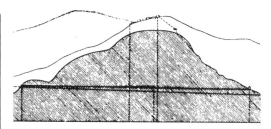

Eupalini architecti cuniculus

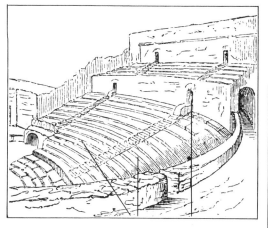

cunei   vomitorium

cuniculus —i, m.

a) est animal lepori simile, sub terra effossa latēre solitum, ex Hispania oriundum.
b) est meatus subterraneus, praesertim qui fit urbium oppugnandarum causa.
Caesar, B. G. 8, 43:
cuniculis venas fontis intercidere atque avertere.

Cupīdo —inis, m.

Cupido est Veneris filius, formosissimus omnium deorum, puer arcu *(arcus)* et sagittis (sagitta) armatus.
Plautus, Pers. 26/27:
„... saucius factus sum in Veneris proelio, sagittā Cupīdo cor meum transfixit ...“
nomen eius deductum a nomine verbali „cupīdo“ —inis, f., a „cupio, cupivi, cupitum, cupere“.
saepe occurrit etiam plurali numero:
Catullus, 3, 1:
„Lugete, o Veneres Cupidinesque“

Venus (Aphrodite), quam quattuor Cupidines (Erotes) comitantur

currus —us, m.

currus est vehiculi genus, hominibus per urbem aut in itinere vehendis aptum, duabus rotis munitum.
speciatim dicitur de curru, quo triumphantes in Urbem vehebantur.

„at etiam qui triumphant, cum de foro in
Capitolium currum flectere incipiunt ..."

curulis, sella curulis

sella curulis fuit unum ex insignibus *(insigne)*
primum quidem regum Romanorum, deinde,
iis exactis, maiorum magistratuum solummodo,
nempe consulum, praetorum, censorum et aedilium eorum, qui de patribus creati sunt, ut
distinguerentur ab aliis aedilibus sellae ius non
habentibus. sella curulis erat curvis pedibus,
signis *(signum)* ornata, sublata gradibus, insculp-
taque et distincta ebore.

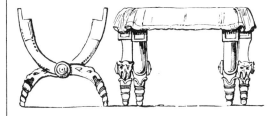

currus

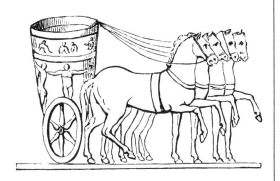

currus triumphalis

currus volucris vel alatus

Daedalus primus artifex fuit. Cnossi in Creta insula iussu regis Minois labyrinthum *(labyrinthus)* exstruxit. cum a Minoe captivus retineretur, sibi filioque suo Icaro alas cereas perfecit, quibus ex insula evaderet. Icarus autem, nimis fidens alis cereis soli appropinquavit. alis calore solis liquefactis in mare cecidit et haustus est aquā.

ala

Danaides —um, f. pl.

filiae Danai, regis Argorum. fabulantur quinquaginta eum habuisse filias eiusque fratrem Aegyptum totidem filios, qui ne ille de filiabus per generos ac nepotes potentior factus ius ablatum sibi vindicaret, ab eo petiit ut filiis suis filias daret uxores, cui Danaus maligne annuit. sed nuptiis vix celebratis sponsae *(sponsus)*, a patre instigatae, sponsos omnes nuptiali nocte occiderunt, demptā Hypermnestrā, quae Lynceo pepercit; cuius delicti poenam subeunt in inferis, ad dolium pertusum aquā implendum damnatae, e quo tantundem effluat quantum infundatur.

decumanus —i, m.

a) decumanus ager est ager, qui decimam partem fructuum pro vectigali solvit rei publicae. b) decumanus limes est, qui ab oriente ad occidentem ductus est. prius decumanus dictus est duodecimanus, ab hora duodecima diei, qua sol occidit: spectat enim in occidentem. *(cardo)*

defectio /eclipsis

defectio vel eclipsis lunae fit, cum sol per inter-
positionem terrae ita lunae opponitur, ut illam
illustrare non possit; eclipsis solis, cum luna
inter solem et nostrum aspectum interponitur.

<u>Cicero</u>, de div. 2, 6, 17:
,,solis defectiones itemque lunae, praedicuntur
in multos annos."

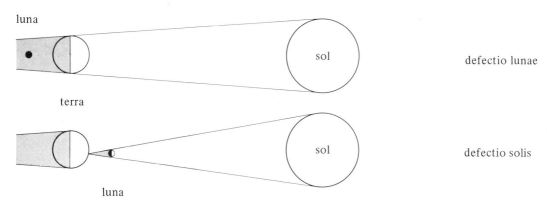

luna

terra

luna

sol — defectio lunae

sol — defectio solis

Delphi —orum, m. pl.

sacrum Apollinis

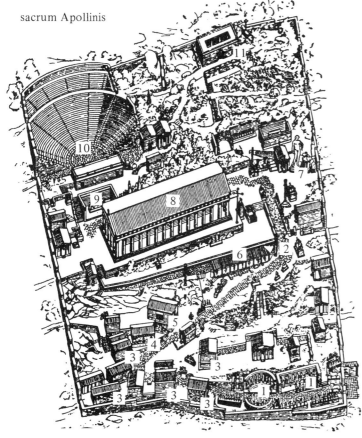

1 dona votiva
2 via sacra
3 thesauri
4 Atheniensium thesaurus
5 curia
6 aula Atheniensium
7 statua Apollinis
8 templum Apollinis
9 Alexandri venatio leonum
10 theatrum
11 aula Cnidiorum

diadema —atis, n.

est regium *insigne* capitis, candida fascia, vitta, qua regia frons praecingebatur. saepe diadema ex auro et gemmis contextum est. „diadematus" est is, qui diademate ornatus est.

Constantinus Constantiusque imperatores, diademate ornati

diatretum (sc. vas diatretum)

in quo tessellato opere aurum, argentumve aut gemmae insertae sunt.
vas diatretum e vitro factum, ornamentis vitreis induitur quemadmodum vas diatretum in imagine expositum.

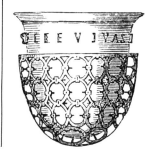

diptychum —i, n.

est id, quod duas valvas habet. tabellae plicatiles, quae panduntur et clauduntur habentque usum litteris praesertim amatoriis, conscribendis. diptycha consulum, quaestorum, etc. erant tabellae eorum nominibus inscriptae, et imaginibus adornatae, quas ipsi ad amicos mittebant apophoreti vice, et in vulgus spargebant ipso die magistratūs initi.

diptychum consulis Rufii Probiani, ex ebore factum (= diptychum eburneum)

divortium −i, n.

idem est quod deverticulum.
a) dicitur de loco, in quo a via militari deverti-
mus: divortium itineris.
b) item ubi aquae in diversas partes defluunt,
ut sunt cacumina montium.
Cicero, ad Att. 5, 20:
„mons Amanus, qui Syriam a Cilicia ima
aquarum divortio dividit."
c) speciatim dicitur de discessione coniugum
et dissolutione matrimonii.

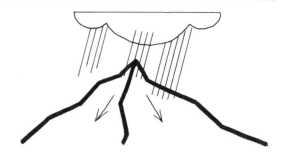

dolium −i, n.

est vas ex maioribus, quibus vinum conditur,
et in cellis servatur, capax, rotundum et
ventricosum.

primo dolia fuerunt fictilia, deinde etiam lignea
et multo capaciora, asseribus vimine constrictis,
ut hodieque apud nos. *(cella vinaria)*

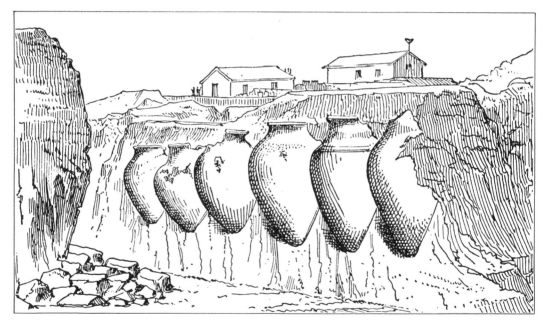

dolia fictilia prope Troiam inventa

Diogenes philosophus cynicus Athenis in dolio
parce vixit. cum Alexander Magnus eum inter-
rogaret, si quid vellet, respondit: „paululum
a sole!"

domus Romana cum atrio et peristylio

peristylium (aut peristylum) est aula magna
multis columnis circumdata, interior pars sub
divo est.
tablinum: in tablino tabulae rationum reponebantur.

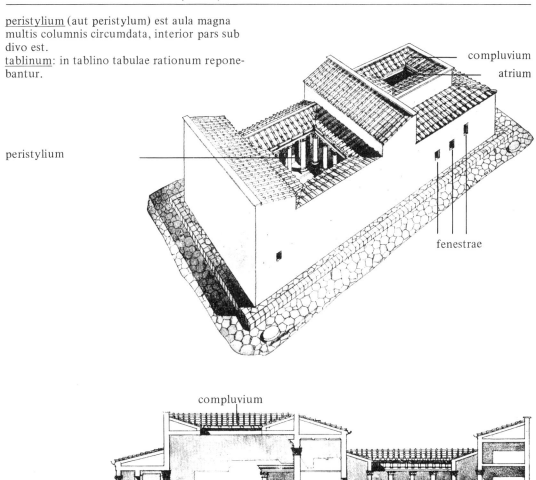

peristylium

compluvium
atrium

fenestrae

orthographia

vestibulum fauces   ostium   ala   tablinum   peristylium   exedra
      atrium   impluvium

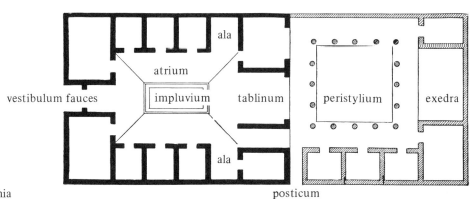

ichnographia

vestibulum fauces

ala

atrium

impluvium   tablinum   peristylium   exedra

ala

posticum

domus Romana cum tabernis

pluvia per <u>compluvium</u> in <u>impluvium</u> cadit.
impluvium in medio atrio situm est. cubicula
aliaque conclavia circum <u>atrium</u> sunt.
duo conclavia in viam aperiuntur; locata sunt
tabernariis, qui hīc officinam suam habent.

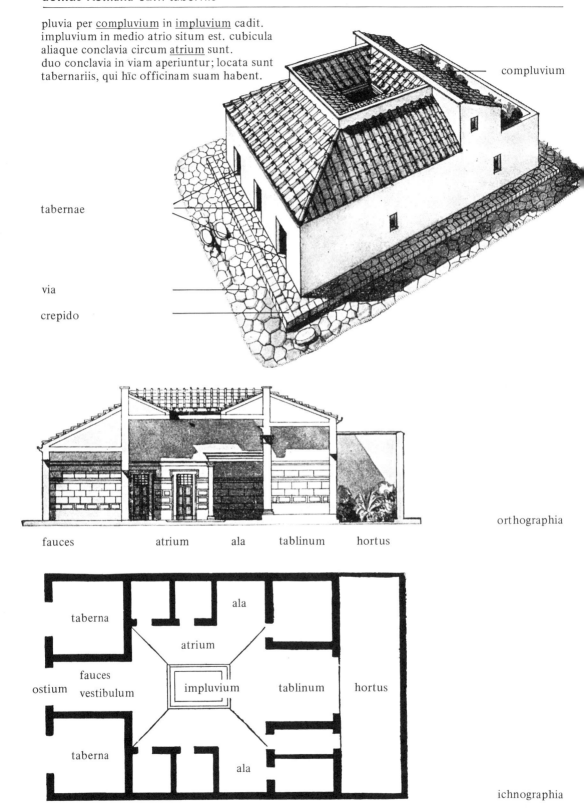

compluvium

tabernae

via

crepido

orthographia

fauces   atrium   ala   tablinum   hortus

ichnographia

elementa —orum, n. pl.

a) sunt principia omnium rerum, e quibus reliqua omnia componuntur et in quae resolvuntur. temporibus antiquis quattuor elementa nominabantur.
Seneca, Ira 2, 19:
„cum elementa sint quattuor, ignis, aqua, aer et terra, potestates pares his sunt, frigida, fervida, arida atque humida."
b) elementa dicuntur notae litterarum, quia sunt prima principia orationis; nam ex litteris syllabae, ex syllabis dictiones (vocabula), ex dictionibus oratio conficitur.
c) item principia artium et scientiarum ut arithmeticae, geometriae, musicae etc. elementa vocantur.
***elementa hodie numero 104 sunt, e quorum numero aliquot nomina Latina et symbola chemica haec sunt: aurum (Au), ferrum (Fe), argentum (Ag), cuprum (Cu), sulphur (S), oxygenum (O), hydrogenum (H), aluminium (Al), calcium (Ca), carbo (C), chlorum (Cl), magnesium (Mg), argentum vivum = hydrargyrum (Hg), phosphorus (P), radium (Ra), uranium (U) etc.
adi. elementarius: ad elementa pertinens.

ephippium —i, n.

est stragulum equi, sedendi causa.
a quarto p. Ch. n. saeculo, ephippio etiam sella equestris imponebatur.

sella equestris

ephippium

epitonium —i, n.

significat instrumentum, quo, prout hoc aut illo modo versatur, liquor emittitur aut occlusus retinetur. in balneis *(balneum)* erat vertibulum seu verticillum pertusum, cuius conversionibus aqua e fistulis emittebatur, aut inibi occludebatur.

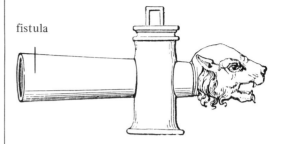

fistula

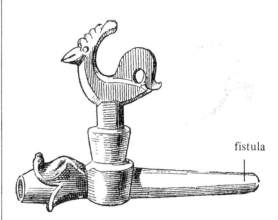

fistula

epitonium Romanum Vindonissae repertum

hodie etiam ***epitonium electricum usurpatur, quo fluidum electricum emittitur aut occluditur:

filum electricum

etesiae —arum, f. pl.

sunt venti quidam statis temporibus quotannis flantes, plerumque ab occidente.
Tacitus, Hist. 2, 98:
„mare quoque etesiarum flatu in orientem navigantibus secundum, inde adversum erat."

Europa —ae, f.

fuit filia Agenoris, regis Libyae aut Phoeniciae, quam fabulantur a Iove in taurum converso raptam et abductam esse in Cretam et Europam, cui parti mundi nomen dedit.

Paulus Festus, p. 78 M:

„Europam tertiam orbis partem ab Europa, Agenoris filia, certum est appellari. sed alii de amore Iovis in taurum versi narrant; alii eam a praedonibus raptam et navem, quae Iovis tutelam effigiem tauri habuerit, in eam regionem esse delatam; quidam vero ob pulchritudinem regionis per simulationem raptae filiae occupatam eam terram ab Agenore et Phoenicibus ferunt.“

examen —inis, n.

a) examen dicitur de apibus, cum ex alveario *(alvearium)* evolant, expulsae a maioribus.
b) examen est lingula librae seu *libra* ipsa aut actio librandi vel aequilibrium.

Vergilius, Aen. 12, 725:

„Iuppiter ipse duas aequato examine lances
sustinet ...“

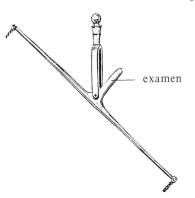

examen

exedra —ae, f. / exhedra —ae, f.

est locus apertus in porticu *(porticus)* vel etiam sub divo, in quo multae circum positae sellae colloquendi causa.

Vitruvius in descriptione aedificii cuiusdam (5, 11, 2):

„constituuntur in tribus porticibus exedrae spatiosae, habentes sedes, in quibus philosophi, rhetores reliquique, qui studiis delectantur, sedentes disputare possint.“

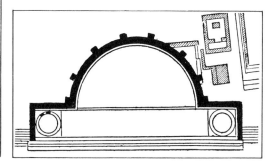

***facsimile —is, n.

facsimile est substantivum derivatum a sententia: „fac simile!" = imitare! facsimilia sunt
opera iterum excussa iisdem typis *(typus)*
iisdemque imaginibus quam prototypus. saepe
incunabula hoc modo denuo imprimuntur.

> ## De Insulis inuentis
>
> Epistola Cristoferi Colom (cui etas nostra
> multu debet: de Insulis in mari Indico nup
> inuetis. Ad quas perquirendas octauo antea
> mense: auspicijs et ere Inuictissimi Fernandi
> Hispaniarum Regis missus fuerat) ad Mag-
> nificum dnm Raphaelez Sanxis: eiusde sere-
> nissimi Regis Thesaurariu missa. quam nobi
> lis ac litterar vir Aliander d Cosco: ab His-
> pano ydeomate in latinu conuertit: tercio kl's
> Maij. M.cccc.xciij. Pontificatus Alexandri
> Sexti Anno Primo.
>
> Quoniam suscepte prouintie rem p-
> fectam me psecutum fuisse: gratu ti
> bi fore scio: has pstitui exarare: que
> te vniufcuiufq rei in hoc nostro iti-
> nere geste inuenteq admoneat. Tricesimoter
> tio die postq Gadibus discessi: in mare Indi-
> cu perueni: vbi plurimas Insulas innumeris
> habitatas hominib° reperi: quar oim p feli-
> cissimo Rege nostro: preconio celebrato z ve-
> xillis extensis: cotradicente nemine possessio-
> ne accepi. primeq earum: diui Saluatoris no
> men imposui (cuius fret° auxilio) tam ad hac
> q ad ceteras alias puenim°. Eam vero Indi
> i

facsimile epistulae Cristofori Columbi, quae
primum imaginibus illustrata Basileae anno
1493 in aedibus Olpe excussa est. prima
notitia novarum a Columbo inventarum
insularum novi mundi Latine divulgata est!

fastigium —i, n.

fastigium est summitas tecti, cacumen a lati-
tudine surgens et paulatim in acumen desinens.
primum templa fastigia habebant, postea a
sacris aedibus transiit ad Caesarum domos,
postquam divinos honores Romani illis tribuere
coeperunt.

Caesar, B. G. 7, 69:
„colles ... pari altitudinis fastigio oppidum cingebant", quo loco translate dicitur fastigium de
summitate collium et montium.

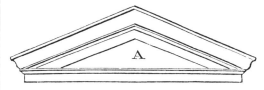

fastigium   A = *tympanum*

favus —i, m.

est loculus, quem apes fingunt multicavatum
e cera, cum singula cava sena latera habeant,
quot singulis pedes dedit natura.
Cicero, off. 1, 44, 157:
„apium examina non fingendorum favorum
causa congregantur, sed cum congregabilia
natura sint, fingunt favos."

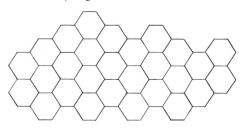

fax —cis, f.

est frustum ligni ut pinus, taedae, laricis cera
aut oleo iniunctum, aut etiam per se solum,
vel alterius materiae igni concipiendo aptae, ad
lumen faciendum ignemque circumferendum,
frequenti usu praesertim apud rusticos.

ferculum —i, n.

a) a verbo „fero", est machina ferendo apta.
b) est gestamen, quo signa *(signum)* deorum in pompa circensi vehebantur, aut quo in triumphis spolia hostium, simulacra oppidorum captorum aut regionum portabantur.

ferculum in triumpho latum

ferculum
in pompa
deorum
portatum

fibula —ae, f.

est quidquid rem unam adnectit, vel uni cum altera colligandae inservit. est instrumentum, quo vestes subnectuntur.

fibulae spiris ornatae

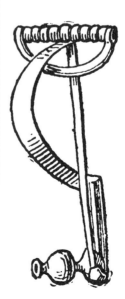

fibula arcuata

fidicen —inis, m. (fidicina —ae, f.)

fidicen est is, qui fidibus canit; generatim
dicitur pro citharista. usurpatur etiam pro
poeta lyrico:
Horatius, carm. 4, 3, 23:
„Romanae fidicen lyrae"
fides, —ium, f. pl.
a) sunt chordae seu nervi lyrae.
b) fides dicitur instrumentum musicum, in
chordis habens harmoniam (lyra, cithara).

filum —i, n.

filum est quod ex lino lanave trahendo ducitur;
itemque aliud quidlibet huic simile.
formula: filum in acum *(acus)* conicere.
a poetis filum saepe dicitur stamen vitae, quod
nere *Parcae* dicuntur.
filum Ariadnae:
Ariadna, ut fabula narrat, Thesei amore capta,
qui ab Atheniensibus ex foedere cum Minoe
in Cretam Minotauro devorandus missus fuerat,
ei arma et filum dedit, ut labyrinthi *(labyrinthus)*
vias signaret et monstro interfecto incolumis
evaderet.

fiscus —i, m.

fiscus est vas vimineum, iunceum, aut ex simili
materia. mos fuit pecuniam in fiscos condere:
Phaedrus, 2, 7:
„multos ferebat fiscos cum pecunia."
fiscus dicitur etiam de ipsa pecunia, praesertim de pecunia publica.

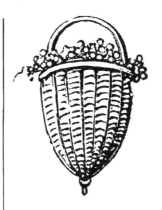

flabellum —i, n.

deminutivus a nomine „flabrum" = parvum
flabrum, instrumentum, quo fit ventilatio ad
refrigerandum, vel ad ignem excitandum.

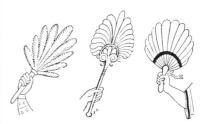

varia flabella e pennis facta

————— flabellifera

flagellum −i, n.

deminutivus, a nomine „flagrum", est lorum
seu aliud quodvis flexile, verber, seu potius
instrumentum pluribus loris iunctum, ac
saepe scorpionibus sive aculeis munitum, quo
servos nudatos caedere solebant.

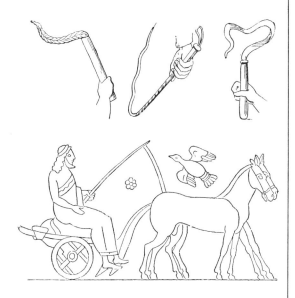

flamen −inis, m.

apex
pileus

laena

sacerdos apud Romanos. flamines appellabantur cognomine eius dei, cuius sacra curabant,
ut flamen Dialis (= Iovis), Martialis, Quirinalis,

Floralis, Vulcanalis etc. suberantque omnes
pontifici maximo.
flamen caput <u>pileo</u> cum <u>apice</u> tegebat, supra
togam <u>laenam</u> purpuratam gerebat.

foculus −i, m.

est parvus focus.
dicitur etiam de *ara* et de foculo, qui vel fictilis
vel aeneus, vel argenteus, et duabus ansis *(ansa)*
instructus circumferri solebat sacrificandi
causa.

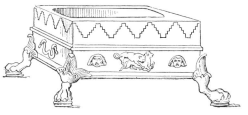

foculus qui portatur

focus aut foculus ponitur etiam pro vase ferreo,
aeneo aut fictili, in quo cibi coquuntur aut quo
homines calefiebant.
<u>Plinius</u>, H. N. 35, 89:
„Arrepto carbone exstincto e foculo imaginem
in pariete delineavit."

focus −i, m.

a) stricto sensu est id, quo ignis servatur, sive sit stabili loco in aedibus, sive qui possit quolibet circumferri.

b) speciatim de *ara*, seu potius de foculo *(foculus)*, qui vel fictilis, vel aeneus, vel argenteus, et duabus ansis *(ansa)* instructus circumferri solebat sacrificandi causa. hinc saepissime „ara focusque" simul nominantur a Latinis scriptoribus.

Cicero, Nat. Deor. 2, 27, 67:

„vis autem Vestae ad aras focosque pertinet."

c) focus sumitur etiam pro privata domo:

Horatius, Ep. 1, 14, 2:

agellus ... habitatus quinque focis ...

follis —is, m.

a) est sacculus coriaceus, qui vento aliave re impletur. e quo follis dicitur instrumentum, quo attrahitur ventus atque emittitur ad ignem excitandum.

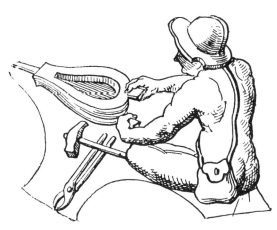

lucerna fictilis cuius ellychnium folle excitatur

b) item est pilae *(pila)* genus omnium maximum, constans ex aluta vento inflata, quod etiam hodie Italis plurimo est in usu.

fons —ntis, m.

a) est locus, unde perennis aqua erumpit et ipsa aqua iugis erumpens.

Cicero, Verres 4, 53, 118:

„fons aquae dulcis, cui nomen Arethusa est, incredibili magnitudine, plenissimus piscium."

b) fons dicitur ipsa constructio fabricae, unde aqua profluit.

c) fons per metaphoram etiam est <u>origo</u>, <u>principium</u>, <u>causa</u>, unde quippiam abunde suppetit.

<u>Cicero</u>, Acad. post. 1, 2, 8:

„meos amicos, in quibus est studium, ad Graecos ire iubeo, ut ea a fontibus potius hauriant, quam rivulos consectentur."

fornax —acis, f.

in fornacibus coquuntur vasa fictilia, figurae fictiles, metalla in fornace aerariā, calx in fornace calcariā.

praefurnium

fornacula   hypocaustum

fornacibus aut fornaculis etiam calefiunt hypocausta balneorum *(balneum)* domuumque.

fornix —icis, f.

a) est structura in arcūs modum curvata et convexa, quae plures arcus complectitur, quemadmodum est etiam *testudo,* quae fuit quaedam *camerae* species.

b) per similitudinem fornices dictae sunt *cellae* concameratae, vel *pergulae,* in quibus prostabant meretrices. <u>verbum derivatum</u>: fornicari = scortari.

Fortuna —ae, f.

dea est fati humani, quod saepe rotae assimilatur. rota Fortunae refertur ad varietatem instabilitatemque Fortunae, quae rotae insistere dicitur.

<u>Tibullus</u>, 1, 5, 70:

„versatur celeri Fors levis orbe rotae." *(rota)*

fovea —ae, f.

fovea est <u>fossa</u> brevis, profunda et in summo tantum patens: quales sunt, quibus fronde obtectis, bestias feras decipiunt, et quibus sepeliuntur cadavera.

<u>Horatius</u>, Ep. 1, 16, 50:

„cautus enim metuit foveam lupus ..."

<u>dictum</u>: „paene in foveam incidi" = paene in periculo perii.

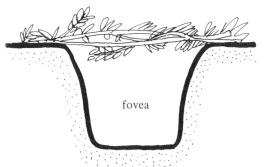

fovea

frenum −i, n.

frenum est instrumentum, quo equorum ora
coercentur; lorum freno alligatum, quo equi
reguntur, *habena* dicitur.
<u>Horatius</u>, Ep. 1, 10, 36:
„imploravit (equus) opes hominis frenumque
recepit."
<u>proverbium</u>: „frenum mordēre" est se ferocem
et recusantem ostendere.
<u>verbum</u>: frenare = frenum imponere.

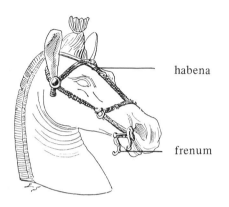

habena

frenum

fretum −i, n.

a) sunt maris angustiae, e. g. fretum Siciliense,
inter Siciliam Italiamque situm; fretum Gadi-
tanum est fretum nostri maris et Oceani.
b) speciatim absolute dicitur de freto Siculo,
quod primum omnium fuit Romanis cognitum
et maxime frequentatum.

frigidarium −i, n.

est primum conclave balnei *(balneum)* Romani
aut thermarum (<u>thermae</u>) prope *apodyterium,*
aquā frigidā praeditum, ubi post sudationem
intrabant. saepe in frigidario *piscina* frigida
erat, quae *baptisterium* vocatur.

sectio frigidarii Thermarum Diocletiani. Hodie in hoc frigidario est ecclesia, a Michel Angelo
exstructa, quae Sancta Maria Angelorum (italiane: degli Angioli) nominatur.

fritillus —i, m.

est turricula rotunda, per quam tali mittuntur,
ne digitis ita a quoquam componi possint ut
cadant ad iacientis voluntatem: qui fritillus
intus trochleatim erat effictus, certosque
habebat excisos gradus, quibus tali *(talus)*
impingentes subsilirent cum sonitu.

 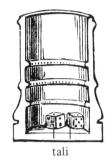

tali

fucus —i, m.

a) est color purpuram imitans. quicumque
color non sincerus et naturalis, sed facticius
et arte inductus ad verum imitandum, qualis
est v. gr. quo mulieres faciem tingunt ad
augendam pulchritudinem.
Plautus, Most. 275:
„vetulae, edentulae, quae vitia corporis fuco
occulunt."
formula: fuco illinere aliquid.
b) fucus dicitur de quovis ornamento extrin-
seco, levi, simulato, et in speciem quidem
pulchro, sed quod facile deprehendatur.

fullo —onis, m.

est qui vestes pedum insultu cogit et densat,
easdemque purgat, maculis liberat, polit et
creta candefacit.
fullonica, —ae, f. aut fullonium est officina
fullonis.

funale —is, n.

est funalis cereus, seu funis pice, sebo, vel
cera illitus.
Vergilius, Aen. 1, 727:
„... et noctem flammis funalia vincunt."

Victoria in imagine sepulcrali duo funalia
ostentans

funalis

sc. equus sub curru dicitur, qui non ad iugum sed ad latera iungitur, duobus iugalibus mediis: qui non iugo sed fune lorove alligatur.

equus funalis (dexter) in quadriga Herculanensi

funambulus —i, m.

est qui per funem ambulat.
Suetonius, Galba 6:
„novum spectaculi genus, elephantos funambulos edidit."

funambulus in pariete Herculanei depictus

funda —ae, f.

est instrumentum e duobus funiculis, latiore sinu in medio, in quo lapis vel plumbea glans imponitur, circumactisque circum caput funiculis, et altero eorum remisso, magna vi longissime iacitur.

149

Caesar, B. G. 4, 25:
„ad latus apertum hostium constitui atque inde fundis, sagittis, tormentis hostes propelli ac summoveri iussit."

funda

funditor in columna Traiani

funda librilis est machina bellica, qua librilia saxa iaciebantur

funus —eris, n.

150

est pompa, quae fit in exsequiis mortuorum,
a funalibus *(funale)* sive funibus accensis, quia
cadavera noctu efferebantur cum faculis *(fax)*,
propter sacrorum celebrationem diurnam.
interdum dicitur de ipso corpore vitā functo,
aut de ipsis Manibus et umbra mortuorum,
ut imagine ex opere caelato sumptā monstratur.
<u>adi. funebris</u>, −e = ad funus pertinens, ex. gr.
epulum funebre, vestimentum funebre.
<u>funebria</u>, −ium, n. sunt ipsa iusta funebria,
seu funeris apparatus.

furca −ae, f.

furca est instrumentum bicorne, quo stramenta
moventur vel feruntur.
<u>proverbium</u>: „naturam expellas furca, tamen
usque recurret." (Horatius, ep. 1, 10, 24)

furnus −i, m.

est locus, in quo panis coquitur. latiore sensu
est quidquid calefaciendo inservit.
<u>Plautus</u>, Cas. 309−311:
„... in furnum calidum condito,
atque ibi torreto me pro pane rubido, hera."

fusus −i, m.

est instrumentum, quod mulieres nendo (nēre,
neo, nevi, netum) digitis volvunt.
<u>Ovidius</u>, Met. 6, 22:
„levi teretem versabat pollice fusum."
a poetis fusi tribuuntur Parcis *(Parcae)*, quae
nere dicuntur humanae vitae stamina (= fila).

imago in vase picto Graeco: puella pollice manus
sinistrae fusum versat, dextra filum net

fusi aenei Romani

galea —ae, f.

cassis, tegumentum capitis ad munimentum in
bellis contra ictūs et tela.
<u>cristatae</u> galeae, quae speciem magnitudini
corporum adderent (<u>Livius</u> 9, 40).
(crista proprie est apex in vertice gallinacei
generis).
centuriones cristatas galeas portabant.

crista

galea

gemma -ae, f.

a) gemma est oculus vitis vel alterius arboris,
qui primo emittitur.
b) translate gemma est lapillus pretiosus, praecipue qui anulo includitur.

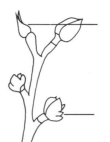

gemma foliorum

gemma floris

Gallia Romana

gens -ntis, f. (gentium)

est multitudo hominum, quae ex pluribus familiis constat, quaeque ab eodem progenitore descendunt. sic omnes Cornelii unius esse gentis dicebantur, quia omnes uno appellabantur nomine, sed diversarum erant familiarum, quae cognominum varietate distinguebantur: gens enim Cornelia dividebatur in Cinnas, Dolabellas, Lentulos, Scipiones, Sullas etc.
adi. gentilis, –e est ex eodem genere ortus, seu qui est eiusdem gentis.

sequiore aevo gentiles a Romanis dicti sunt barbari, et quicumque non lege civili Romanorum, sed inculto iure gentium vivebant: gentilis opponitur vocabulo civilis, qui in civitatem receptus est. a Judaeis et Christianis gentiles nominabantur, qui non participes erant verae religionis. *(pagus,* paganus*)*

geometria –ae, f.

lineae:

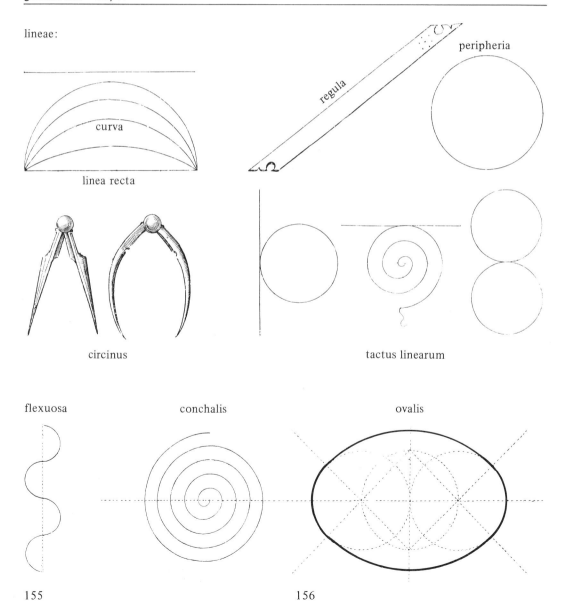

curva

linea recta

regula

peripheria

circinus

tactus linearum

flexuosa

conchalis

ovalis

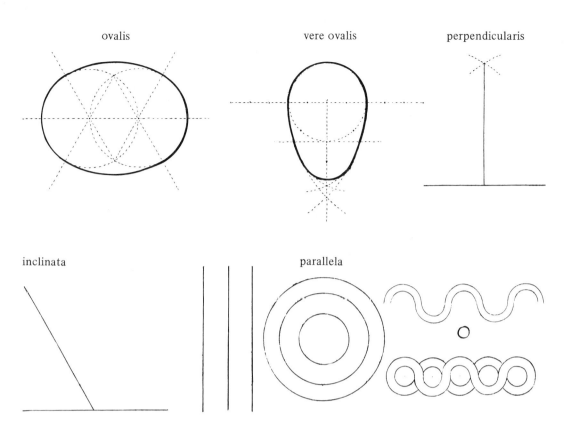

ovalis · vere ovalis · perpendicularis

inclinata · parallela

anguli:

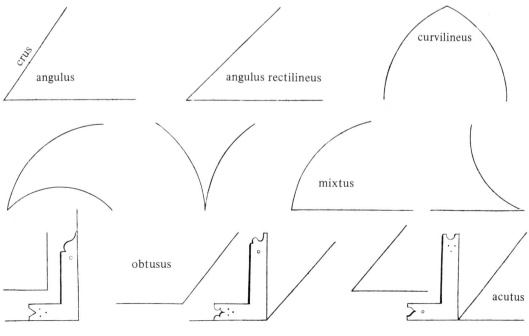

crus · angulus · angulus rectilineus · curvilineus · mixtus · obtusus · acutus

157   158

genera triangulorum:

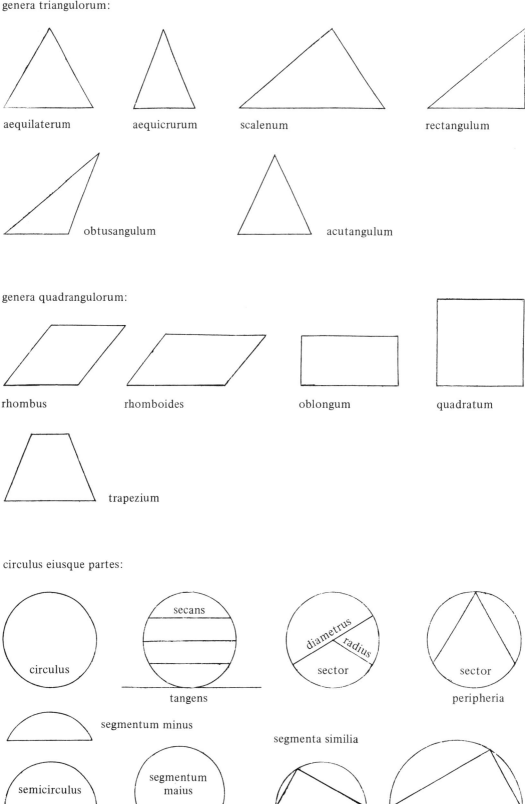

aequilaterum   aequicrurum   scalenum   rectangulum

obtusangulum   acutangulum

genera quadrangulorum:

rhombus   rhomboides   oblongum   quadratum

trapezium

circulus eiusque partes:

circulus

secans

tangens

diametrus   radius

sector

sector

peripheria

segmentum minus

semicirculus

segmentum
maius

segmenta similia

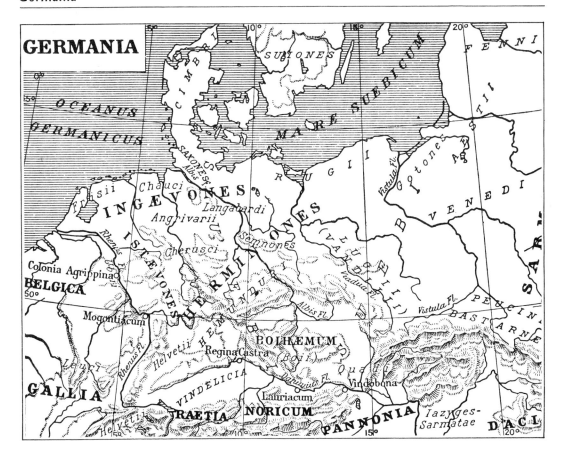

gluten —inis, n. vel glutinum, —i, n.

est materia viscosa ac tenax, qua res coniunguntur.
verba derivata: ad-glutino
              con-glutino
glutinator, —oris, m. est is, qui chartas chartis
attexit in longitudinem, ut volvi possent et
volumen efficere.

graphium —i, n.

graphium est stilus ferreus, quo veteres in

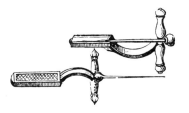

ceratis tabulis solebant scribere; a graeco
grapho = ,,scribo".

gremium —i, n.

gremium est locus inter complexum ventris et
feminum, quem sedentes efficimus: quo loco
matres nutricesque excipiunt infantes. differt
a sinu *(sinus)*, qui est intra pectus et bracchia
(sed nihilominus alterum pro altero non raro
ponitur).
Cicero, Div. 2, 41, 86:
,,puer in gremio matris sedens, mammam
appetens.''

gryps —pis, m. / gryphus —i, m.

est avis fabulosa, animal quadrupes et penna-
tum, omni ex parte leo, alis tantum et facie
aquilae simile.

Plinius, Hist. Nat. 7, 10 narrat ex aliorum
sententia, esse Arimaspos, homines uno
oculo in fronte insignes, qui cum his bellum
assidue gerant, eruentibus ex cuniculis *(cuniculus)* aurum, et mira cupiditate custodienti-
bus, Arimaspis vero rapientibus.

gubernator —oris, m.

est rector navis.
Cicero Senect. 6, 17:
,,gubernator clavum tenens, sedet in puppi
quietus.'' gubernaculum est *clavus* in puppi *navis,*
quo ipsa regitur.
Seneca, de gubernaculo, ep. 90, 24:
,,exemplum (scilicet gubernaculi) a piscibus
tractum est, qui cauda reguntur et levi eiusdem

in utramque momento velocitatem suam
flectunt.''
vox ,,gubernator'' a Graeco kybernetes derivatur et saepe in vetustis monumentis ,,gyberna-
tor'' scribitur.
***cybernetica (sc. ars) est ars automatarie
regendorum motuum machinarum, inventa et
denominata a Norberto Wiener.

gubernator

clavus (gubernaculum)

gurges —itis, m.

gurges est locus in flumine profundus, in quo
aqua vertitur *(vertex)*, translate:
Cicero, Verr. 3, 23, 9:
Verres ,,... gurges vitiorum turpitudinumque
omnium.''

gutta —ae, f.

a) gutta est minima pars aquae vel alterius materiae liquidae.
Ovidius, Pont. 4, 10, 5:
„gutta cavat lapidem, consumitur anulus usu."
b) in architectura guttae dicuntur ornamenta sub triglyphis in Dorico genere, instar guttarum pendentia.

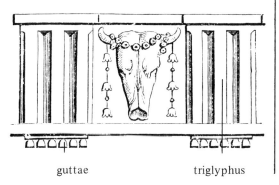

guttae   triglyphus

gyrus —i, m.

gyrus est circumventio in orbem, ambitus, circuitus, circulus.
***gyrus est modus solvendi pecuniam non praesente pecunia, sed perscriptione factus.

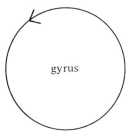

gyrus

habena —ae, f. (saepe: habenae, —arum)

habena est lorum freno *(frenum)* alligatum, quo equi reguntur.

opus caelatum Musaei Veronensis

hamus —i, m.

a) hamus est parvus uncus ferreus.
b) speciatim hamus est uncus ferreus, ex quo piscatores *(piscator)* escam suspendunt, quam dum captat, piscis ore capiatur.
<u>Ovidius</u>, Heroid. 18, 13:
„Nunc volucrem laqueo, nunc piscem ducitis hamo."

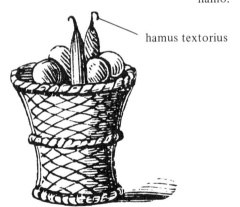

hamus textorius

harundo —inis, f.

est aquaticus frutex in longam altitudinem crescens, cortice lignoso et inarescente, fissili, praeacutā semper acie. Harundinibus veteres usi sunt ad casas *(casa)* contegendas.
<u>Vitruvius</u>, 2, 1, 3:
„alii ... luteas glebas arefacientes struebant parietes *(paries)*, vitandoque imbres (<u>imber</u>) et aestūs tegebant harundinibus et fronde."
saepe etiam <u>fistula</u> pastoris harundo nominatur.
harundine etiam *piscatores* pisces capiunt, ut videtur in imagine Pompeis inventā.

harundo

filum
(vel linea)
cum hamo

piscator

hebdomas —adis, f. (aut hebdomada —ae, f.)

a Graeco hebdomos = septimus. hebdomas est spatium septem dierum deis Planetarum dicatorum.
*septimana = it. settimana, fr. semaine, hisp. semana.
series septem dierum hebdomadis haec est:
Solis dies, Lunae dies, Martis dies, Mercurii dies, Iovis dies, Veneris dies, Saturni dies.
(in imagine a dextra ad sinistram)

Hecate —es, f.

est Iovis et Latonae filia, soror Apollinis. est
tricorpor et triceps, magicarum artium magistra
ac fascinationum praeses, cincta latrantium
canum turmā; noctu stans in triviis *(trivium)*
vel prope sepulcra et ubi loca sunt caedibus
contaminata.

Hecate triformis

helcium —i, n.

est <u>funis</u>, quo equi vel homines currūs, naves
(navis) oneraque trahunt.

cymba

opus caelatum e Gallia Transalpina, duo helci-
arios monstrans

<u>helciarius</u>, —i, m., est is, qui funibus sive hel-
ciis (vide supra) cymbas adverso flumine trahit.

Helvetia Romana

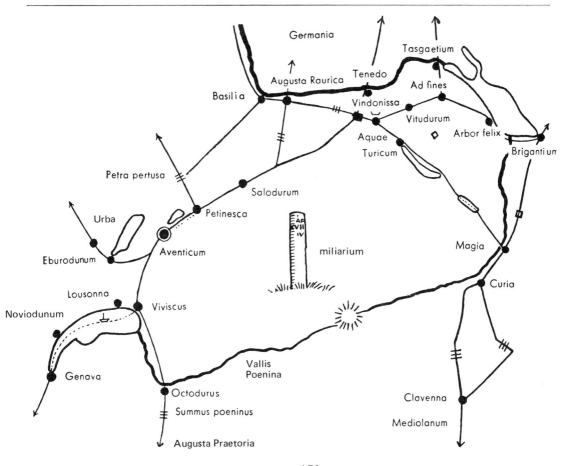

Hesperides —um, f. pl.

vas figuratum Ruvi inventum, hortum Hesperidum repraesentans

filiae Hesperi; finguntur hortos *(hortus)* amoenissimos possedisse in extrema Africa, ubi erat auriferum nemus cum mālis aureis, quae a pervigili dracone (aut serpente) custodiebantur. Hercules tamen, eo penetrans Eurysthei iussu, draconem occīdit et aurea māla ad eum attulit.

hippocampus —i, m.

est piscis marinus parvus, capite et iuba instar equi. item est marinum monstrum, equi simile, quo fabulantur ad currum iuncto vehi maris numina.
Tritones Nereidesque hippocampis per mare vehuntur deos marinos comitantes.

Hispania Romana

Horae —arum, f. pl.

sunt deae, quae horis praesunt, Iovis ac Themidis filiae, apud mythologos communiter tres Horae sunt tribusque temporibus anni respondent.

tres Horae in opere caelato arae cuiusdam villae Borghese; exemplar huius operis caelati aetate Periclis (V. saeculo a. Ch. n.) perfectum est
prima Hora, quae flores portat, respondet veri,
secunda uvis autumnum indicat,
tertia manu sinistrā *spicam* frumenti gerens est aestas.
deest quartum tempus anni, hiems.

horologium —i, n.

imago Turrim Ventorum, quae dicitur, Athenis etiam hodie servatam, monstrat, cuius latera solariis praedita sunt

horologium est instrumentum, quo tempus diei definitur, sive horologio solario sive clepsydrā: in clepsydra aqua e superiore vase in inferius vas guttatim cadens tempus indicat.

hortator —oris, m.

est qui hortatur et suadet, ut aliquid fiat.
hortator remigum (vide imaginem) remigibus baculo numerum indicat.
Plautus, Merc. 695/96:
,,quasi in mari
solet hortator remiges hortarier.''

hortus —i, m.

hortus Romanus maceriā saeptus, duobus fontibus cum siphunculis vel siphonibus *(sipho)* praeditus

est locus maceriā aut saepe *(saepes)* clausus, in quo olera cibi causā coluntur; item in quo arbores, poma, flores voluptatis causa coluntur. maceria aut saepes hortum ab incursu hominum pecudumque munit. hortorum culturam monachi Christiani a Romanis acceptam nobis tradiderunt.

hostia —ae, f.

est vivum animal quod in sacris mactatur in honorem deorum. ,,purae hostiae" dicuntur, quae ad sacrificium idoneae sunt.
Caesar, B. G. 8, 51:
,,Exceptus est Caesaris adventus ab omnibus municipiis et coloniis incredibili honore atque amore ... hostiae omnibus locis immolabantur."

hostia (ovis)

hypocaustum —i, n.

est vaporarium, locus in thermis concameratus et fornicatus *(camera, fornix)*, qui igne calefit.
Vitruvius, 5, 10:
,,est animadvertendum, uti caldaria muliebria viriliaque coniuncta et in iisdem regionibus sint collocata. sic enim efficietur, ut vasaria et hypocausis communis sit eorum utrisque. aenea supra hypocausim tria sunt componenda, unum caldarium, alterum tepidarium, tertium frigidarium."

tria vasa aenea (aqua calida, tepida, frigida)

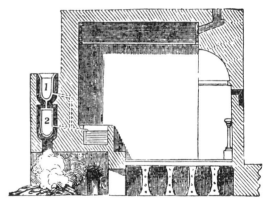

Ianus —i, m.

est totius mundi custos, caeli ianuis praesidet,
omnium aedium foribus praeses est constitutus,
item viis omnibus tam urbanis quam rusticis;
ille caelum, aerem, terram, aquam, res omnes
huius universitatis claudit et aperit, pacem et
bellum in sua potestate habet.
Ianus biceps aut bifrons nominatur, i. e. duo
capita aut duas frontes habet, quod tempus
praeteritum et tempus futurum simul spectat,
tamquam in limine temporum stans, ut in
hoc nummo Romano delineatus est.
a Iano primus mensis anni mensis Ianuarius
dicitur. de Iano Ovidius (Fast. I, 117/18)
haec dicit:
„quidquid ubique vides, caelum, mare, nubila,
terras,
omnia sunt nostrā clausa patentque manu."
Iani *templum* in Foro Romano in bello apertum, in pace clausum erat.

imago —inis, f.

a) est simulacrum, species, exemplar, alicuius
rei repraesentatio.
b) item de imagine hominis aut rei, quae a
phantasia excitatur, cuiusmodi sunt quae in
somniis apparent, mortuorum umbrae, etc.
ius imaginum: apud Romanos qui maiorum
suorum habuerunt imagines, ii erant nobiles;
qui suas tantum, ii novi; qui nec maiorum,
nec suas, illi demum ignobiles appellati sunt.

imaginem porro sui ponere non temere omnibus licuit, sed iis tantum, qui magistratūs
curules gessissent. has imagines primi patricii
posuerunt, quod iis primis curules magistratus
patuerunt, unde ius imaginis fuit.

huiusmodi imaginibus ornabant atria aedium
easque in funebribus pompis proferebant
circumferebantque. *(funus)*
imaginarius, vel imaginifer
est qui imaginem imperatoris fert.

imaginarius

verbum imaginor: imaginari est rei alicuius,
quae facta sit vel fieri possit, vel etiam quae
fieri non possit, similitudinem mente concipere.
Quintilianus, 9, 2, 41:
„nec solum quae facta sint aut fiant, sed etiam
quae futura sint aut futura fuerint, imaginamur."

impedimenta —orum, n. pl.

impedimentum est id, quo quis impeditur, quo minus perficiat quod cupit, impeditio, mora, obstaculum. saepissime de sarcinis exercitūs, qua significatione pluralis numerus usurpatur, et impedimentorum nomine veniunt etiam calones et iumenta.

Caesar, B. G. 1, 26:
„alteri se in montem receperunt, alteri ad impedimenta et carros suos se contulerunt." imago e columna Traiana, impedimenta cum carris et iumentis (equis et bubus) sarcinis onustis.

incunabula —orum, n. pl.

a) ea, quae cunis insunt, quae ad cunas muniendas et ornandas pertinent, id est lectulus et fasciae lineae lanaeque, quibus infantes involvuntur.
b) sumitur pro loco, ubi nati sumus.
c) etiam pro „principio" et „origine" sumitur. Cicero, de orat. 1, 6, 23:
„ab incunabulis nostrae veteris doctrinae ..."
**incunabula nominantur prima opera arte impressoriā in lucem edita (inter annos circiter 1450—1520).

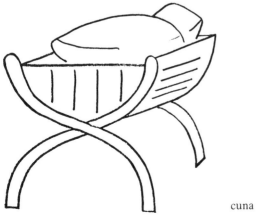

cuna

incus —udis, f.

incus est instrumentum ex solido ferro, super quod fabri ferri massas cudunt et formant.
Cicero, Nat. D. 1, 20, 54:
„formae ... quas vos effici posse sine follibus *(follis)* et incudibus non putatis."
proverbium: „incudem eandem tundere" = in eodem labore perseverare.

index —icis, m.

qui aliquid indicat, defert. digitus index est
digitus, quo res indicamus.
in libris index est summa, seu elenchus, quo
res, quae in iis continentur, summatim indicantur. ***in tabernis index ciborum cibos
indicat, qui hodie offeruntur.

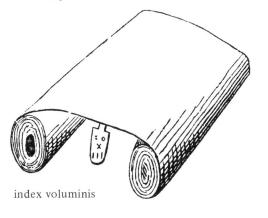

index voluminis

infula —ae, f.

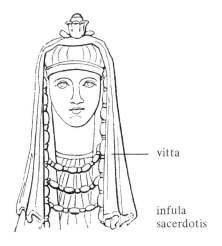

vitta

infula
sacerdotis

infula generatim est quaelibet fascia. speciatim
ac saepius est ornamentum capitis sacerdotale.
Paulus Diaconus, p. 113, 1:
„infulae sunt filamenta lanea, quibus sacerdotes et hostiae templaque velabantur."
Servius, ad Aen. 10, 538:
„infula est fascia in modum diadematis, a qua
vittae ab utraque parte dependent, quae plerumque tortilis, de albo et cocco."

hostiae
infula

**initialis (sc. littera)

est prima littera manuscripti, paginae aut capi-
tuli, quae minio (minium) delineatur et picturis
ornatur.

insigne —is, n.

insigne
navis

insignis est qui signo *(signum)* aliquo vel *notā*
inter alia eminet.

insigne, −is, n., est tabula vel imago vel signum,
quo res notantur, exempli gratia *naves, tabernae* aliaque. etiam magistratūs insignibus quibusdam praediti erant, ut consules aut praetores lictoribus *(lictor)*.

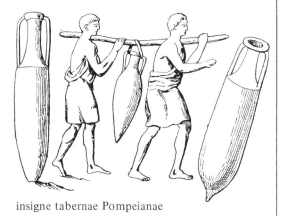

insigne tabernae Pompeianae

instrumenta musica

instrumenta musica sunt triplicis generis:
a) alia, quae <u>spiritu</u> inflantur ut <u>tibiae</u>, <u>fistulae</u>,
<u>tubae</u>, <u>cornua</u>, <u>organa</u> (hydraulica).
b) alia, quae <u>nervis</u> intenduntur ut <u>lyra</u>, <u>cithara</u>
et alia.
c) alia, quae <u>manu</u> pulsantur ut <u>tympana</u>, <u>sistra</u>,
<u>cymbala</u> etc.

tuba   organum hydraulicum   cornu

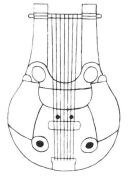

cithara, −ae, f.

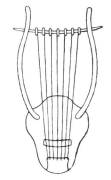

lyra, −ae, f.

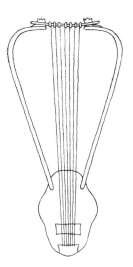

barbitum, −i, n.

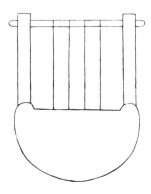

phorminx, −ingis, f.

crotala, −orum, n.

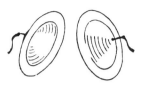

cymbala, −orum, n.

tympanum, −i, n.

instrumenta scribendi

stilus   tabula   volumen epistulae
sigillo signatum et
inscriptione praeditum

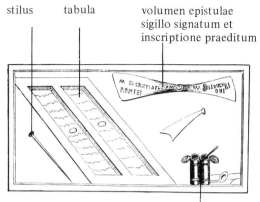

atramentarium cum calamo et atramento.
imago in domo Lucretii, Pompeiis inventa

insula −ae, f.

a) est terra in medio mari, undique aquis cincta.
b) latiore sensu est terra seu locus flumine aut
lacu clausus.
c) a similitudine insulae dicuntur domus urba-
nae, quae non iunguntur communibus parietibus cum vicinis, circuituque publico aut privato
cinguntur. insulae plura cenacula et cubicula
habebant, quae pluribus familiis locabantur et
fere pauperiorum.

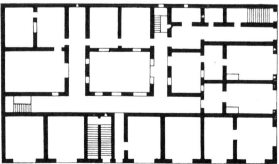

insula ,,Dianae" quae dicitur, Ostiae
sita, orthographia et ichnographia

iugum —i, n.

est ligneum instrumentum recurvum, quod duorum boum (aut equorum) collo transversum impositum, eos simul iungit et colligat. in quadrigis *(quadriga)*, ubi equi quaterni aequa fronte iuncti erant, duo medii iugum habebant, duo reliqui funibus (<u>funis</u>) ac loris alligabantur. hinc illi <u>iugales</u>, hi *funales* dicti. saepe hostes victi a Romanis sub iugum missi sunt; quod erant <u>hastae</u> in modum iugi iunctae.

equi iugales

187

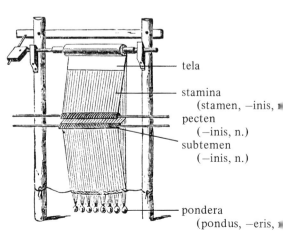

— tela

— stamina
   (stamen, —inis, ▸
pecten
   (—inis, n.)
subtemen
   (—inis, n.)

— pondera
   (pondus, —eris, ▸

iugum textorium

188

labarum −i, n.

est *vexillum* militare auro intextum, gemmis-
que *(gemma)* intermicantibus splendidissimum,
quod imperatori praeferri atque a militibus
paene adorari solebat.
Constantinus imperator labaro coronam *(corona)*
imposuit cum cruce et litteris initialibus *(ini-
tialis)* nominis Christi X P hoc modo:

labrum −i, n.

est vas grande latique oris, diductas habens
oras et in exteriorem partem, in modum labro-
rum repandas, unde se balneatores aquā frigidā

aspergebant, ut in imagine monstratur: aqua-
rius aquam labro infundit, balneator se strigili
radit. *(strigilis)*

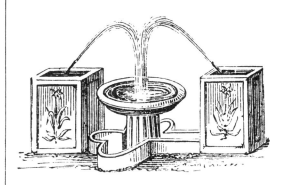

labrum siphone (sipho) munitum

labyrinthus −i, m.

est locus multis viarum ambagibus inflexus,
ex parietibus vel ex arboribus.
omnium celeberrimus erat labyrinthus Creticus,
perplexis parietibus *(paries)*, factus a Daedalo
(Daedalus) iussu regis Minois, in quo Minotaurus
monstrum biforme inclusum erat. itinerum ambagibus, occursibus et recursibus difficillimus
labyrinthus omnium erat.

nummus (drachme)
Creticus, in fronte
Minotaurum, a tergo
labyrinthum
monstrans

lacerta —ae, f.

est serpens quadrupes satis nota; e genere reptilium: lacerta agilis, lacerta vivipara. in terris Mari Mediterraneo adiacentibus genus lacertae est, quod Tarentola Mauretanica vocatur. haec lacerta pedibus suis parietibus tectisque adhaerere potest.

lanx —cis, f.

a) lanx est vas escarium latum et cavum ex aliquo nobiliore metallo plerumque factum, in quo cibi reponuntur et mensae inferuntur.

b) a similitudine lances sunt in *libra* duo illa vascula, in quorum altero *pondus*, in altero res ponderanda imponitur; unde bilanx dicta.

libra bilanx

lapidarius —i, m.

a) ad lapides pertinens.
b) (faber) lapidarius, qui lapides findit aut sculpsit *(artificia)*. in lapicidina vel latomia lapidarius officium suum exercet.

laquear —aris, n. (aut lacūnar, —aris n.)

est interstitium tignorum in caelo conclavis, ex eo dictum, quia inter tignum et tignum veluti lacuna est: item ipsum caelum seu tabulatum, sive contignatione constet, sive tabulis suffixis, et inter plana intervalla cavitates sive lacūs habentibus, sive etiam aequato opere coagmentatis. Hae laquearia picturis aliisque ornamentis ornari solebant.

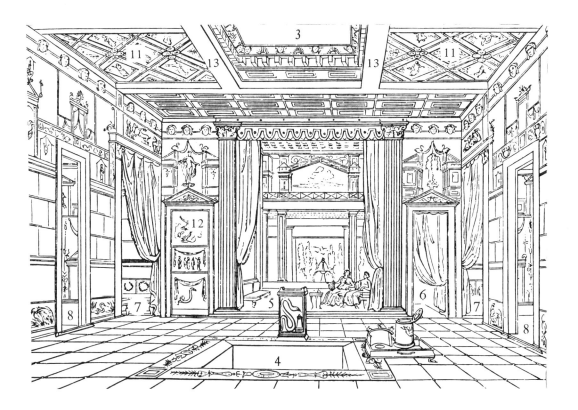

domus Pompeiana (reconstructa)
1 vestibulum
2 atrium
3 compluvium
4 impluvium
5 tablinum
6 *triclinium*
7 alae
8 cubicula
9 *tabernae*
10 *hortus*
11 <u>laquearia</u> in tecto aut caelo conclavium
12 *aedicula*
13 tignum

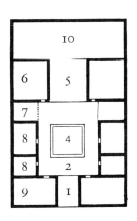

ichnographia
eiusdem
domūs

laqueus –i, m.

a) laqueus est vinculum ita nexum, ut pondere magis claudatur.
<u>Cicero</u>, Verr. 4, 17, 37:
„homini iam collum in laqueum inserenti subvenisti."
b) laqueus est fraus, insidiae:
<u>Ovidius</u>, Ars. Am. 3, 591:
„dum cadit in laqueos captus ... amator"
<u>Quintilianus</u>, 5, 10, 101:
„in laqueos inexplicabiles incidere."

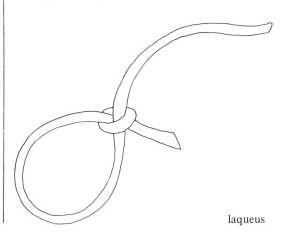

laqueus

later -eris, m.

later est terra in variam formam durata, sive igni
percocta sit, sive non, in usum aedificandi; deminutivus: laterculus (eadem significatione).
Varro, R. R. 1, 14, 4:
„saepimentum ... quod e lateribus coctilibus, ut
in agro Gallico, quod e lateribus crudis, ut in
agro Sabino."
modus dicendi: lateres coquere.
proverbium: „laterem lavare" = rem inutilem
facere.

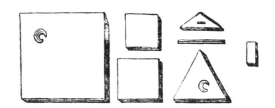

laterna —ae, f.

est instrumentum ex laminis corneis, vel ex alia
materia, in quo candela accensa, vel ignis oleo
ardens includitur, ne a vento exstinguatur. nocte
laternis via illustrabatur, ut apud Plautum,
Amphitr. 148:
„Servus Sosia a portu illic nunc cum laterna
advenit."

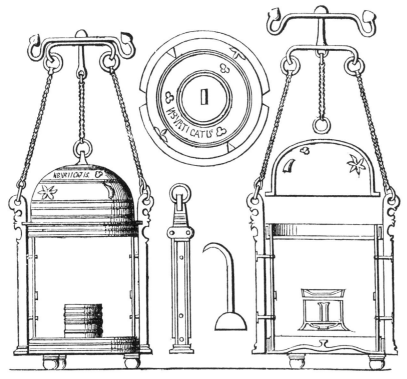

laternae Pompeianae

latifundium —i, n.

latus fundus, ampla possessio agri.
Plinius, H. N. 18, 35:

„verum confitentibus, latifundia perdidere
Italiam, iam vero et provincias."

Latium —i, n.

est regio Italiae mediae, limites habens inter
Etruriam, Umbriam, Samnium et Campaniam
et mare inferum, cuius pars septentrionalis a
Latinis colebatur. urbes et oppida: Roma caput
orbis, Ostia, Tibur, Praeneste, Tusculum, Antium,
Tarracina, Fregellae, Minturnae.

viae: Via Cassia, Via Aurelia, Via Portuensis,
Via Appia, Via Latina, Via Valeria, Via Salaria,
Via Flaminia.
montes: mons Albanus
flumina: Tiberis, Anio, Liris.

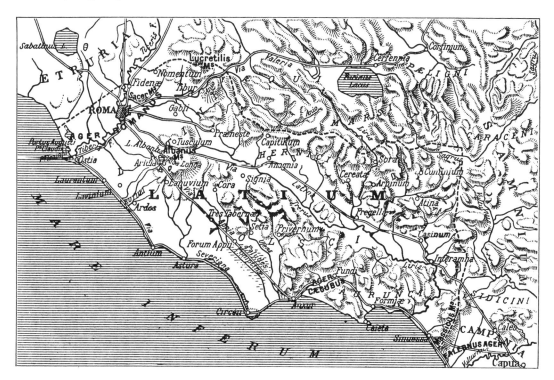

lectīca —ae, f.

est sella cum pulvino et lectulo, qua divitiores
cubantes servorum humeris vel duorum, ut
tenuiores, vel quattuor aut sex aut octo, ut ditiores, ferebantur, primum quidem itineris causa
extra urbem, deinde paulatim etiam in ipsa urbe,
deliciarum causa.
lecticarius servus est qui lecticam defert.

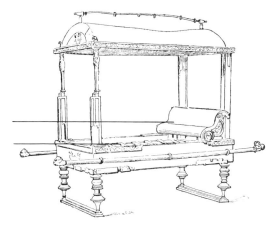

pulvinus

lectulus

lectisternium −i, n.

est <u>sacrificii</u> genus, in quo deis in templis pulvinaria sive lecti sternebantur, <u>convivium</u>que iis
apponebatur.
appositis epulis septem sacerdotes, qui dicti sunt
<u>Epulones,</u> fruebantur.
<u>Livius</u>, 5, 13, 6:
„duumviri sacris faciundis, lectisternio tunc
primum facto, per dies octo Apollinem Lato-
namque et Dianam, Herculem, Mercurium
atque Neptunum, tribus quam amplissime tum
apparari poterat, stratis lectis placaverunt."
<u>idem</u> 22, 10, 9:
„curatum lectisternium, et per triduum habitum, decemviris sacrorum curantibus: sex
pulvinaria in conspectu fuere, Iovi et Iunoni
unum, alterum Neptuno ac Minervae, tertium
Marti et Veneri, quartum Apollini ac Dianae,
quintum Vulcano ac Vestae, sextum Mercurio
ac Cereri."

lectisternium in *lucerna* fictili opere caelato
sculptum; dei sunt Serapis, Isis, Luna et Sol

lectus −i, m.

et deminutivus lectulus, parvus lectus, est <u>cubīle</u>
stratum iacendi et dormiendi causā.
in lecto triclinari Romani mensae accumbebant.
(triclinium)

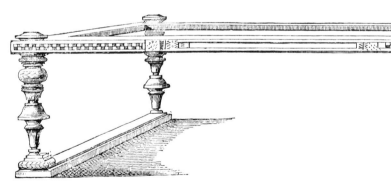

lectus aeneus, argento indutus

legenda −orum, n. pl.

legendarius liber „acta Sanctorum per anni
totius circulum digesta continens, sic dictus,
quia certis diebus ‚legenda‘ erant in Ecclesia."
(Du Cange)

„<u>Legenda Aurea</u>" titulus operis Iacobi a Vora-
gine, saeculi XIII. p. Ch. n. notissimum opus
huius generis est.

libella —ae, f.

est instrumentum fabrile, quo utuntur ad examinandas planae superficiei inclinationes, quemadmodum *normā* angulos metiuntur, perpendiculo *(perpendiculum)* erecti operis directam aut obliquam positionem.
constat autem libella duabus regulis ita iunctis ex altera parte, ut angulum efficiant, in ima vero parte alia recta pro basi: in summo angulo filum habet plumbo pendente, ex quo inclinatio omnis deprehenditur. estque figura litterae A in imo clausae.

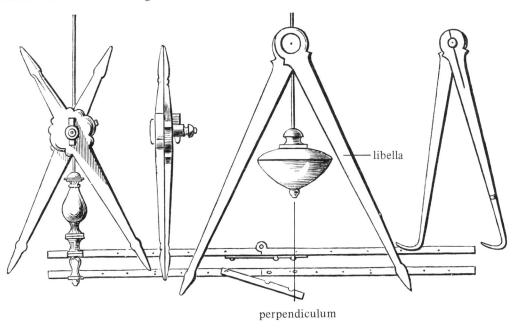

libella

perpendiculum

liber —bri, m.

liber est
a) interior pars corticis arbusculae, quae *papyrus* vocatur. e libro facta sunt folia, quibus facile inscribi poterat.
b) <u>folium</u> perlongum e libro factum

novem volumina in armario deposita

atramentarium atramenti plenum

evolvere volumen aut librum = legere librum

c) <u>volumen</u> huius folii = <u>liber</u>
antiquis temporibus folia perlonga manu
scripta formā voluminum in capsis aut arma-
riis conservabantur. ut legi possent, volumina
duabus manibus evolvebantur ut imago in
sarcophago quodam exsculpta demonstrat.

ultimis temporibus Imperii Romani, aetate iam
Christiana, textūs foliis in forma <u>codicum</u> colli-
gatis manu inscribebantur, ut in <u>scriptorio</u> hoc
patris cuiusdam ecclesiastici videmus:

in <u>pluteis</u> armarii varii codices sunt. vir in
scamno sedens pennā atramento tinctā scribit.
ante armarium utensilia scribendi delineandi-
que sunt: stilus, circinus, atramentarium aliaque.
<u>codex</u> (caudex)
a) truncus arboris est aut massa ligni. *(codicillus)*
b) summa tabellarum cerā illitarum formam
codicis praebebat et codex nominabatur.
c) folia <u>chartarum</u> eodem modo colligata codex
nominabantur, liber crassus et magni ponderis.
multi <u>librarii</u> in eodem conclavi sedentes textum
a lectore recitatum propria manu scribebant. sic
orationes Ciceronis et alia opera in scriptorio
Attici, amici eius, multiplicati et postea magno
pretio divulgati sunt. etiam in monasteriis
prioris Medii Aevi textūs describebantur et sic
in posterum conservati sunt.

libra —ae, f.

instrumentum est quo ad pendenda pondera
utimur.

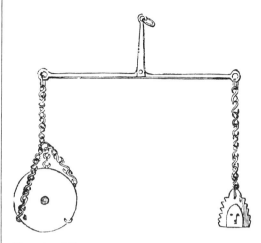

libra sine bilance

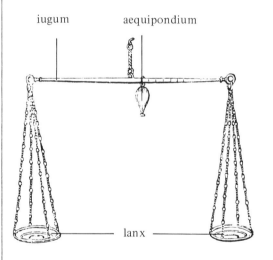

iugum   aequipondium

lanx

Liburnica (vel Liburna)

sc. navis. est genus navigii velocioris, variae
magnitudinis, nam minima unum habebat remorum ordinem, paulo maior binos.
dicta est a <u>Liburnis</u>, populo Illyrici, quorum
auxiliis cum usus fuisset Augustus bello Actiaco
contra Antonium et Cleopatram, et experimen-
to didicisset eorum naves ceteris aptiores esse,
classem Romanam ad illarum exemplum
restituit et ipse et ceteri deinceps imperatores.
imago sumpta est e nummo cuiusdam imperatoris.

ligo '—onis, m.

ligo est instrumentum rusticum lato ferro, herbis ac radicibus evellendis, purgandoque agro et terrae fodiendae aptum.

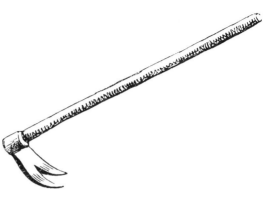

lictor —oris, m.

fascem (fascis) virgarum ligatum fert. lictores consules et praetores comitantur; numero lictorum et fascium eorum potestas indicatur. fascis securis est virgis conligatis circumdata *(miles Romanus).*

lima —ae, f.

est instrumentum fabrile, densis minutisque dentibus, quo ferrum aliudve quid terendo expolitur.
limare: perpolire, expolire, perficere, eliminare, ad perfectum unguem castigare; limae labor: offendit poetas limae labor (Horatius).

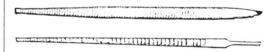

limen —inis, n.

est lignum aut lapis transversus in ianua aut porta, tum superius tum inferius.
religiosum erat limen aedium, quod propterea abeuntes redeuntesque salutare solebant:
Plautus, Mercator 830:
„limen superum inferumque, salve ...‟

limes —itis, m.

est semita transversa, tum in agris, tum in urbibus, sed stricto sensu in agris.
his limitibus agri divisi erant, ut et mensurae et

itineris et laboris causā pervii essent. limitibus
agrorum fines distinguuntur.
limites etiam dicuntur Romanorum aggeres
munitionesque ad Rhenum et ad Danuvium.

limes Rhaeticus

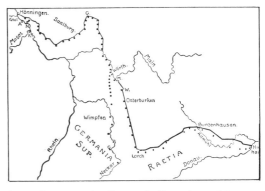

limes Romanus in Germania Superiore et in
Rhaetia

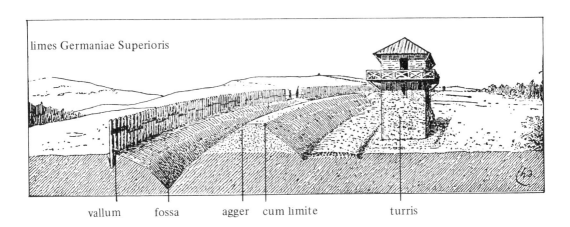

limes Germaniae Superioris

vallum   fossa   agger cum limite   turris

litus —oris, n.

litus est terra adiacens mari, quae fluctibus
alluitur; dicitur etiam de terra litori vicina.
<u>Catullus</u>, 71, 4:
„litus tunditur undā.“
<u>proverbium</u>: „in litus arenas fundere“, idem
significat quod „ligna in silvam gerere.“
(paeninsula)

lituus —i, m.

a) lituus est <u>baculus</u> incurvus, quo augures
sedentes avibus *templum* designabant.
<u>Livius</u>, 1, 18, 7:
„dextra manu baculum sine nodo aduncum
tenens, quem lituum appellaverunt.“
**similis lituo est nunc <u>episcoporum</u> baculus.

b) a similitudine litui auguralis est genus tubae minoris, incurvum, acutum edens sonum, quo in bello utebantur. *(instrumenta musica)* Lucanus, 1, 237:
„stridor lituum clangorque tubarum.‟

locus adverbia loci

ubi?

quo?——→

unde?←-----

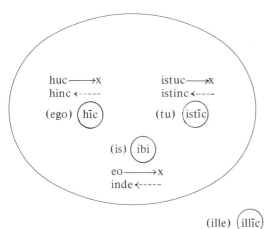

ellipsis communicationis duos focos habet: ego et tu. res, de qua loquimur, aut in ellipsi (is, ea, id) aut extra ellipsim (ille, illa, illud) sita est. omnes res, quas demonstramus, ad unam harum positionum referuntur, sed etiam rerum motūs. *(quorsum)*

lucerna —ae, f.

e materiā fictili aut ex aere facta, oleo impleta est, unum, duo aut plura ellychnia habet. lucerna pensilis catenā sustenta e tecto pendet.

ellychnium

ellychnium

lucerna pensilis

phases lunae

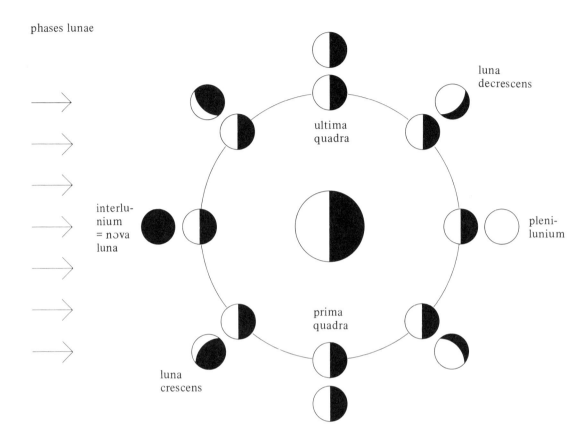

interlu-
nium
= nova
luna

luna
decrescens

ultima
quadra

plenilunium

prima
quadra

luna
crescens

DVM MONTIBVSVMERIS LVSTRANTVR
ONVSTAPOLVS DVM SIDERA PASCIT SEMPER
PVTM LAVRESLQVE MANEBVT?

est locus, ubi <u>macellarius</u> carnes qualescumque coquit et vendit.

in opere caelato sarcophagi *(sarcophagus),* qui Romae in Musaeo Torloniano monstratur, est *taberna* macellaria, ubi in pariete *(paries)* <u>lepores</u>, <u>anseres</u>, <u>vulpes</u> aliaeque bestiae pendent.

saepe in macello etiam coqui diebus festis conducebantur ut domi cenas maximas pararent, sicut in Aulularia Plautina.

maeandrus −i, m.

Maeandrus est fluvius ingens Asiae in Phrygia Magna, crebris ita sinuosus flexibus, ut saepe credatur reverti.

etiam opus penicillo (<u>penicillus</u>) aut acu *(acus)* factum ad similitudinem Maeandri, flexuoso et in se remeabili gyro descriptum.

maiestas —atis, f.

est magnitudo, amplitudo, decus, dignitas deorum, populi dominatoris vel senatus, vel principis imperatorisve, aut etiam privati magni viri; ob quam honos illi et reverentia debetur.

**maiestas domini nominatur ea imago Christi, qua in solio aut in arcu *(arcus)* Iridis supra mundum sedet tamquam rex universitatis; corpus eius soliumque nimbo *(nimbus)* circumdatum est; in quattuor angulis symbola *(symbolum)* evangelistarum, quattuor elementa aut quattuor venti eum comitantur.

maiestas Domini e codice Medii Aevi

malleus —i, m.

malleus est fabrile instrumentum ad tundendum.

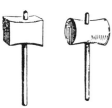

manica —ae, f. (vel manicae —arum)

a) manica est pars vestis, qua bracchia et manus teguntur.
b) manicae sunt vincula, quibus manus ligantur, sicut pedicae, quibus pedes ligantur. *(compedes)*

manipulus —i, m.

Isidorus, Orig. 18, 3, 5:
manipulus est ,,manualis herbarum fasciculus, quem manu quis apprehendit metendo.''
Vergilius, Georg. 3, 297/298:
,,filicumque maniplis
sternere humum.''
in re militari manipulus erat exiguum peditum agmen, quod unum *signum* sequebatur.

mansuetarius —i, m.

mansuetarius est qui feras cicurat et mansuetas reddit; domitor ferarum.
Historia Augusta 17, 21:

„habuit et leones et leopardos exarmatos in deliciis: quos edoctos per mansuetarios subito ad secundam et tertiam mensam iubebat accumbere, ignorantibus cunctis, quod exarmati essent."

manumissio —onis, f.

est datio libertatis. servi cum liberarentur potestate, e <u>manu</u> solemni ritu <u>emittebantur</u>.

lictor servum genibus nixum vindictā (aut <u>fistucā</u>) tangit dicens: „hunc hominem ex iure Quiritium liberum esse volo."
servus pileum *(pileus)*, signum libertatis, sumit; nam „capere pileum" idem est quod „libertate donari".

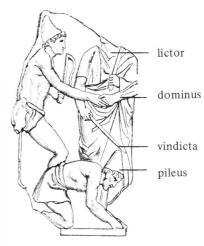

lictor
dominus
vindicta
pileus

in opere caelato nostro figura domini deleta est; *lictor* in medio situs vindictam manu dextrā tenet

Mausoleum —i, n.

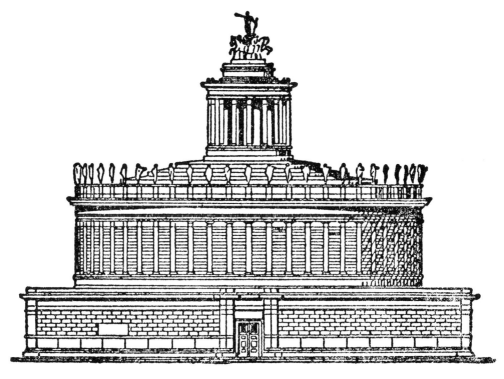

a) sepulcrum regis Asiae, <u>Mausoli</u>, quod inter <u>septem mirabilia mundi</u> numerabatur.

b) monumentum sepulcrale sumptuosum, ut sepulcrum Augusti aut Hadriani imperatoris. <u>Mausoleum Hadriani</u> quod hodie *Arx* Sancti Angeli nominatur. monumentum longe maius et ornatius erat Mausoleum Hadriani, ex quo única tantum, sed immanis magnitudinis *turris* superest, quae Romae in castello *(castellum)* Sancti Angeli arcis munitissimae speciem praebet.

olim hoc aedificium sublimibus undique columnis (<u>columna</u>) erat exornatum ut in reconstructione videtur. columnarum hodie octoginta in ecclesia S. Pauli extra muros conspiciuntur. loco immanis *quadrigae* hodie *statua* Sancti Angeli posita est, quae monumento hodiernum nomen Arcis Angeli dat.

mensura —ae, f.

a) est actio, qua quippiam metimur, seu quantitatem rei cuiuspiam deprehendimus.

b) est instrumentum, quo quippiam metimur, seu quantitatem rei cuiuspiam deprehendimus: item ipsa <u>quantitas</u>, <u>modus</u>, magnitudo cuisque rei.

<u>Plinius</u>, H. N. 7, 198:

„mensuras et pondera *(pondus)* invenit Phidon Argius vel Palamedes."

c) in pictura est <u>convenientia</u> et *proportio* partium.

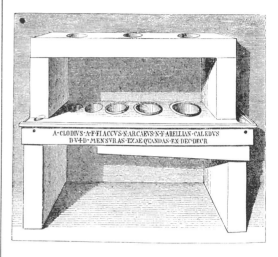

mensurae publice praescriptae

mensurae et pondera illustrantur in Olai Magni Historia de Gentibus Septentrionalibus

messis —is, f. (acc. —em/—im)

messis est actus metendi vel secandi, speciatim est collectio frumenti et aliarum segetum.
<u>messor</u> est is, qui metit.
<u>Ovidius</u>, Heroid. 16, 263:
„sed nimium properas; et adhuc tua messis in herba est.“

figura in vase Graeco: duo Cupidines, qui digitis micant.

mum auri ramentum, ut quae in harena refulgent.
<u>Caelius Aurelius</u>, Tard. 1, 4:
„item velut scintillarum micas, aut circulos igneos circumferri prae oculis sentiunt aegrotantes.“
<u>micare</u>
significat tremulum esse, corruscare, crebro celerique motu agitari, subsilire, vibrari, concuti.
<u>Ovidius</u>, Fasti 3, 36:
„terreor admonitu: corda timore micant.“
speciatim: <u>digitis micare</u> est digitis sortiri: cum porrectis invicem crebro digitis, certantium uterque numerum eorum divinat.
<u>Cicero</u>, de div. 2, 41, 85:
„quid enim sors est? idem propemodum, quod micare, quod talos iacere, quod tesseras.“
<u>proverbium</u>: cum alicuius fidem bonitatemque laudant rustici homines, proverbio dicunt, „dignum esse, quicum in tenebris mices.“

mica —ae, f.

est <u>frustulum</u> alicuius rei, v. gr. mica panis, item minutum granum salis, turis, item minutissi-

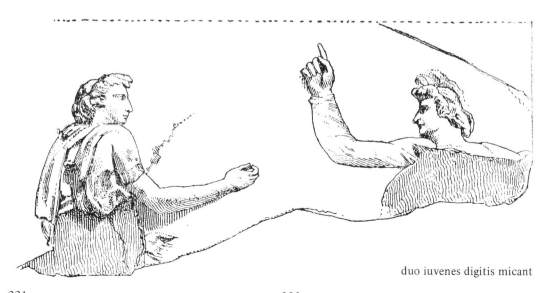

duo iuvenes digitis micant

miles Romanus

vestimenta, arma, *insignia:*

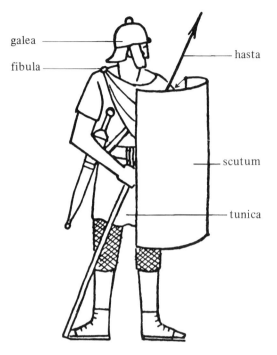

galea — hasta
fibula
scutum
tunica

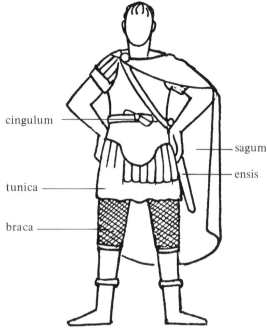

cingulum — sagum
ensis
tunica
braca

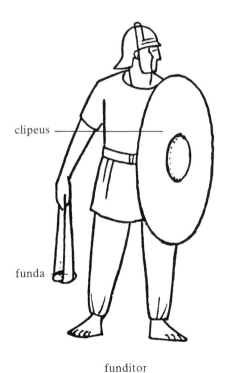

clipeus
funda

funditor

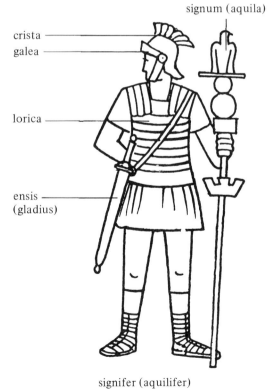

signum (aquila)
crista
galea
lorica
ensis
(gladius)

signifer (aquilifer)

galea

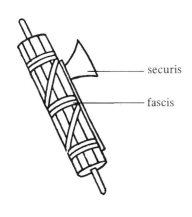

securis

fascis

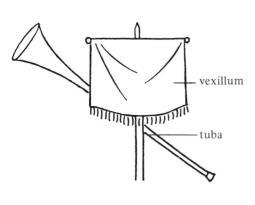

vexillum

tuba

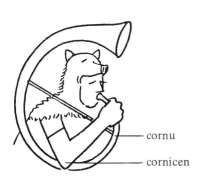

cornu

cornicen

miliarium −i, n.

est columella seu lapis erectus in viis, praesertim militaribus, inscriptas habent notas,
quibus <u>milia</u> quaeque <u>passuum</u> significantur.
Hos lapides miliarios omnium primum in
viis posuisse C. Gracchum narrant.
<u>miliarium aureum</u> appellata fuit columna
ab Augusto in capite Romani fori prope
aedem Saturni statuta, in qua omnes viae ab
urbe Roma in Italiae provincias ferentes de-
scriptae fuerunt.

miliarium Tiberii

mimus −i, m.

mimus est gesticulator, imitator factorum
dictorumque ac morum alienorum, colligen-
di risus causā, in scaena vel extra (a verbo
Graeco mimeisthai = imitari).

minio −as, −atum, −are / **miniatura, −ae, f.

miniare est <u>minio</u> tingere. cera miniata vel miniatula, erat cera rubra, qua notabant, quae minus probarent et corrigi vellent. <u>Cicero</u>, ad Atticum 15, 14, 4: „quae quidem (litterae) vereor, ne miniata cerula tua pluribus locis notandae sint." **<u>miniatura</u>, −ae, f. dicitur delineamentum minio (= rubro colore) in codicibus Medii Aevi praescriptum, quod postea variis coloribus ornatur.

Mithraeum −i, n.

est spelunca vel *camera* subterranea, in qua sacra Mithrae fiebant. <u>Mithra</u> (−ae, m.) autem erat apud Persas idem habitus ac sol. eius mystae septem gradibus (<u>gradus</u>) initiationem perfecerunt, ut in imagine Ostiae reperta videtur, in qua scala septem graduum initiationis monstratur.

Mithraeum Carnunti repertum (reconstructio)

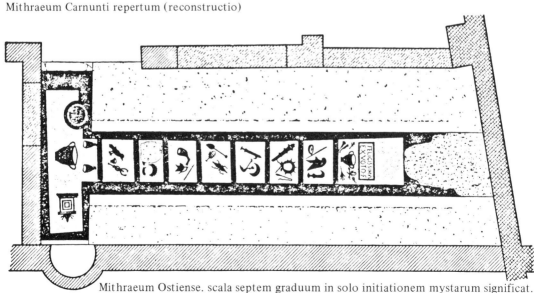

Mithraeum Ostiense. scala septem graduum in solo initiationem mystarum significat.

mola —ae, f.

mola est machina, qua <u>molinarii</u> utuntur ad molendum (molo, —ui, —itum, —ere) frumentum.

erant molae hominum aut bestiarum vi actae, vel molae aquariae, quae impetu fluminis versabantur. molae ventorum vi actae primae in Europa inveniuntur saeculo nono p. Chr. n. in Britannia.

mola equo acta, ex opere caelato in Musaeo Chiaramonti, Romae, exposito

<u>mola aquaria</u> vi fluminis agitur. nam rota pinnis instruitur, quae, cum percutiuntur impetu fluminis, cogunt versari rotam. huius, ut explicat <u>Vitruvius</u> 10, 5, 2: ,,in uno capite *axis* (2) *tympanum* dentatum (3) est inclusum. id autem ad *perpendiculum* conlocatum in cultrum versatur cum rota (1) pariter. secundum id tympanum maius item dentatum (4) planum est conlocatum, quo continetur. ita dentes tympani eius (3), quod est in axe (2) inclusum, impellendo dentes tympani plani (4) cogunt fieri molarum (5) circinationem. in qua machina impendens <u>infundibulum</u> (6) subministrat molis frumentum et eadem versatione subigitur <u>farina</u>.''

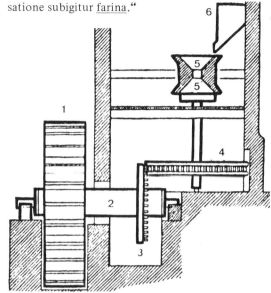

Moneta —ae, f.

monetarii in officina, ex Olai Magni opere

a) fuit cognomen Iunonis, quia Romanos monuisse credita est, ut propter terrae motum sue plena rem divinam facerent (Cicero, Div. 1, 45, 101).

b) moneta est templum, sive locus, in quo pecunia cuditur.

monetarius

est is, qui monetam cudit, qui in moneta publica operatur. huiusmodi artificum corpus quoddam Romae fuit.

Monumentum Ancyranum

est inscriptio *(titulus)* Caesaris Augusti, cuius exemplar Ancyrae (hodie Ankara) repertum est in templo Augusto consecrato. inscriptio in tabulis indicat res ab Augusto gestas. („Res gestae Divi Augusti") veri simile est has tabulas paulo post mortem Augusti exaratas esse et verba ipsius imperatoris continere. alibi in Imperio Romano multae tabulae eiusdem generis exstitisse dicuntur. hoc est initium inscriptionis: „annos undeviginti natus exercitum privato consilio et privatā impensā comparavi, per quam rem publicam a dominatione factionis oppressam in libertatem vindicavi ..."

mortarium —i, n.

est vas, in quo res, quae resolvendae sunt, pistillo *(pistillum)*, vecte, aut manibus teruntur subigunturve. materia mortarii est marmor, lignum, testa, aes, aliaque.

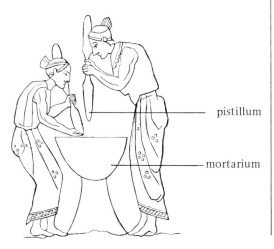

— pistillum

— mortarium

Cato, r. r. 74:
„farinam in mortarium indito,
aquae paulatim addito, subigitoque pulcre."
Columella, r. r. 12, 57, 1:
„semen sinapis ... duabus horis in aqua sinito, postea tollito, et manibus expressum in mortarium novum coniicito, et pistillis conterito."

mulctrum —i, n. (vel mulctra —ae, f.)

mulctrum est vas in quo lac mulgetur.
Calpurnius, Ecl. 4, 25:
„duc ad mulctra greges."
verbum: mulgeo, mulsi, mulctum, mulgēre.
proverbialiter: „hircos mulgēre", aliquid conari, quod fieri nullo modo potest.

murex —icis, m.

a) murex est molluscum ex genere concharum, qui et bucinum dicitur. ex eius suco olim color purpureus fiebat; unde et pro purpura et pro ipso colore accipitur.

b) speciatim est testa huius animalis; concha murex dicitur, qua oleum, unguentum etc. servatur.

Triton murice canens

c) item tuba, qua utuntur *Tritones*, quae et concha appellatur.
d) murex ferreus est instrumentum ferreis instructum cuspidibus, tetragona forma, quod in
quamcumque partem inciderit, aculeos proten-
dit; in terram dolose conici solet, ut iis hostilis
equitatus ingruens induatur.

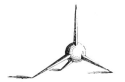

murex ferreus

Musae —arum, f. pl.

Musae sunt deae, filiae Mnemosynes (Memoriae), quae poeticae et musicae ceterisque
artium liberalium disciplinis *(artes liberales)*
praesunt: qua re frequentissime eas invocant
poetae.
Clio historiae praeest, Euterpe tibiis, Thalia
comoediae, Melpomene tragoediae, Terpsi-
chore lyricis cantibus, Erato carminibus amatoriis, Polyhymnia pantomimis fabulis,
Urania astronomiae, Calliope epico carmini.
Musae Latine etiam Camenae dicuntur.
Musae choreas agunt ducente Apolline citha-
roedo. *(Apollo)*

muscus —i, m.

muscus est villosa illa lanugo, quae in arboribus ac saxis provenit, qualem videmus circa fontes *(fons)* et loca humida, qualis etiam
est illa, quae in mari petris innascitur ac mari
innatat, unde et in litus evolvitur ac proiici-
tur, quae aliter „alga" dicitur.
adi. muscosus, —a, —um = musco abundans,
musco obsitus: muscosi fontes.

muscus hepatica

muscus

nassa —ae, f.

est <u>vimine</u> textum vas piscatoris *(piscator)*,
quo cum intravit piscis, exire non iam potest.

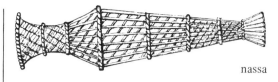

nassa

piscatores e *scapha* nassas in aquam demittunt.
opus tessellatum in Africa Septentrionali (Sousse)
inventum

nassiterna —ae, f.

est genus vasis
aquarii ansati
et patentis, quale
est quo equi
perfundi solent.
usurpatur etiam
ab <u>hortolanis</u> ad
plantas irrigandas.

naumachia —ae, f.

naumachia (pugna navalis) pro portubus Islandiae, describitur in opere Olai Magni

est pugna navalis. dicitur etiam de ludicris pugnis, quae aut arte collectā aquā, aut in stagno lacuve aliquo spectaculi loco edebantur.
Servius, ad Vergilii Aen. 5, 114:
docet Romanos Punico bello primo naumachiam ad exercitium instituisse, postquam cognoverunt exteras gentes etiam navali certamine plurimum posse.

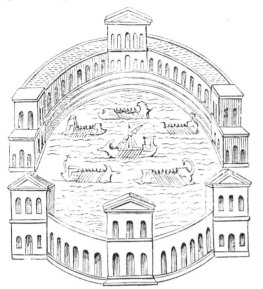

naumachia in circo *(circus)* editur spectaculi loco ut describitur in nummo quodam imperatoris

navis —is, gen. plur. —ium f.

est machina e ligno, qua per mare, flumen, lacumve iter facimus. sunt plura genera navium, aliae sunt apertae, aliae tectae, seu constratae, sunt longae, onerariae, rostratae, fluviatiles, speculatoriae, actuariae, piscatoriae etc.
locut.: navem appellere ad aliquem locum navem solvere (= ancoras *(ancora)* tollere)

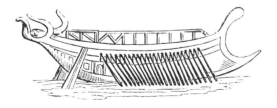

navis longa
est navis in pugnis navalibus utilis, uno ordine remorum acta.
navis tecta, strata aut constrata, cui navis aperta opponitur.

navis oneraria: navis mercatorum onera portans

navis actuaria
est navis remis et velis acta, quae in bello usurpabatur.

navis turrīta est navis turri instructa, e qua tela in hostes proiciebantur.

proverbium: navem perforat, qua ipse navigat.

nimbus —i, m.

a) est pluvia repentina.
b) item est nubes splendida et splendor, qui circa caput et corpus deorum esse fingitur.
Servius, ad Vergilii Aen. 2, 616:
„est enim fulgidum lumen, quo deorum capita cinguntur: sic etiam pingi solet."

Apollo nimbo
praeditus

Diana cum nimbo

etiam imperatores ut dei nimbo instruuntur ut
in hac imagine imperator Valentinianus II

c) item apud Christianos nimbus dicitur radi-
antis splendoris *corona*, qua picta et sculpta
sanctorum capita decorantur.

noctua —ae, f.

noctua avis est nocturna e genere strigidum,
quae noctu vigilat et interdiu dormit.
deae Athenae sacra erat, itaque et urbis Athenarum *insigne* erat noctua.

nomenclator —oris, m.

est qui memoriter unumquemque nominare
didicit.
nomenclatura —ae, f. est nomenclatio, appellatio, e. gr. recitatio nominum locorum, oppidorum, fluminum, etc., quae in terra sunt.

norma —ae, f.

est instrumentum fabrorum duabus regulis
constans, inter se ab uno capite coagmentatis
Latinae litterae L figuram et rectum angulum
referentibus. rationem normae deformandae, a
Pythagora inventam, tradit Vitruvius, 9, praef. 6:
„si sumantur“, inquit, „regulae tres, e quibus
una sit pedes tres, altera pedes quattuor, tertia
pedes quinque; haeque regulae inter se compo-
sitae tangat alia aliam suis cacuminibus extre-
mis, schema habentes trigoni, deformabunt
normam emendatam.“

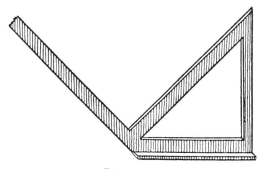

norma ex aere conflata

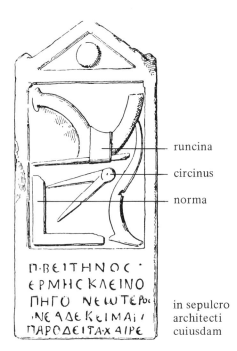

runcina

circinus

norma

in sepulcro
architecti
cuiusdam

П·ВЕІΤΗΝΟϹ ·
ЄΡΜΗϹΚΛЄΙΝΟ
ΠΗΓΟ ΝЄωΤЄΡοϲ
·ΝЄΑΔЄΚЄΙΜΑιι
ΠΑΡΟΔЄΙΤΑ·Χ ΑΙΡЄ

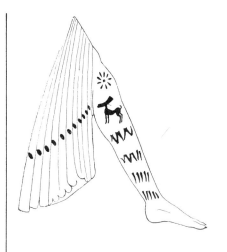

nundinae —arum, f. pl.

sunt mercatus seu feriae rusticorum, quibus
Romam proficiscebantur negotiis domesticis
provisuri.
Macrobius, 1. Saturn. 16, 34:
„Rutilius scribit Romanos instituisse nundinas,
ut octo quidem diebus in agris rustici opus
facerent, nono autem die, intermisso rure, ad
mercatum legesque accipiendas Romam
venirent ...“
verbum: nundinor 1, = mercor 1.

nota —ae, f.

a) nota significat signum, ut in pecoribus, tabulis, libris, litterae singulae aut binae; apponitur
rebus dignoscendi causā; synonyma: *insigne*,
vestigium, indicium.
Columella, r. r. 7, 9, 12:
pice liquida notam porcis imponere.
b) speciatim dicitur de signis, quibus formantur litterae.
Cicero, Tusc. 1, 25, 62:
„qui primus sonos vocis, qui infiniti videbantur,
paucis litterarum notis terminavit.“
c) item speciatim de signis, quibus utuntur, qui
scribendi compendia celeritatis causā sectantur,
unde postea „notarii“ dicti. notas ad compen-
diarie celeriterque scribendum excogitavit
M. Tullius Tiro, libertus Ciceronis et librarius,
quas notas Tironias nominant; genus quoddam
tachygraphiae usque ad saeculum XIV p. Ch. n.
usurpatum.
Manilius, Astronom. 4, 197 ss.:
„Hic et scriptor erit velox, cui littera verbum est,
Quique notis linguam superet, cursimque
loquentis
Excipiat longas nova per compendia voces.“
d) item notae (Thraeciae) dicebantur stigmata,
quae inurebantur cuti. Cicero Thracum morem
fuisse indicat, ut se notis compingerent. (vide
imaginem!)

obeliscus —i, m.

obeliscus est lapis, artificium manu elaboratum et ad rei memoriam erectum, forma *veru* similis. primum obelisci monumenta regum Aegyptiorum fuerant, deinde etiam Romam translata sunt.

ocularia

perspicilla specularia

specillum

vitra ocularia (perspicilla)

stereoscopium

ocularium

tubulus

fulmentum

microscopium

lentes convergentes

biconvexa

plana convexa

concava convexa

lentes devergentes

biconcava

plana concava

convexa concava

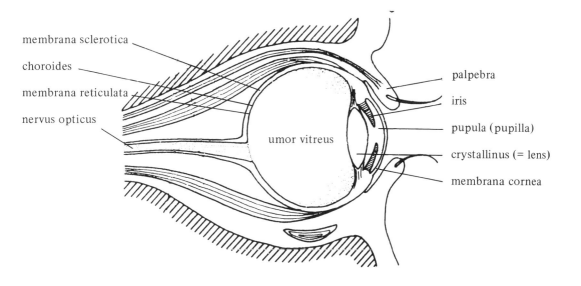

membrana sclerotica
choroides
membrana reticulata
nervus opticus

umor vitreus

palpebra
iris
pupula (pupilla)
crystallinus (= lens)
membrana cornea

octogonum −i, n.

adi. octogonus, i. e. octo angulos habens, octan-
gulus; Graecum, ex octo et gonia, „angulus".
Vitruvius, 1, 6, 4:
turris marmorea octogona.

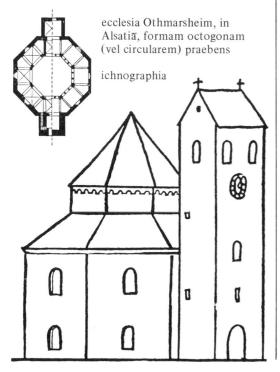

ecclesia Othmarsheim, in
Alsatiā, formam octogonam
(vel circularem) praebens

ichnographia

officina −ae, f.

est locus, in quo *artifices* opera faciunt; differt
ab apotheca, in qua res conditae asservantur,
et a *taberna*, in qua venales prostant.
Plinius, N. H. 11, 188:
„pulmo spirandi officina, attrahens ac reddens
animam."

fusoris officina (ex opere Olai Magni)

officium −i, n.

est id, quo quis vel quid pro natura sua fungi
debet; praestatio eius operis, quod quisque vel
quidque praestare debet; quod quisque efficere
debet, observatā locorum temporum et personarum ratione; congruus actus uniuscuiusque

personae; id in quod quisque debet incumbere, ut ipsum pro loci, temporis et personae qualitate reddat effectum.

Terentius, Eun. 729:

„postquam surrexi, neque pes neque mens satis suum officium facit."

opus —eris, n.

est id quod fit operando; differt ab operā, quae est actio, qua fit opus.

opus alexandrinum

est opus tessellatum eius generis, quod Alexandriae factum est.

opus incertum, incerta caementa alia super alia sedentia inter seque implicata, non speciosam, sed firmiorem quam reticulata praestant structuram.

opus reticulatum

reticulata structura parietum est, cum lapidei cunei sibi invicem superpositi et in latus iacentes ita parietem convestiunt, ut eorum capita foris exstantia, retis *(rete)* figuram referant.

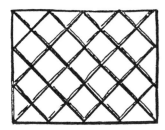

opus spicatum

est pavimentum aut structura parietum ex laterculis seu testis *(testa)* in modum spicae *(spica)* dispositis.

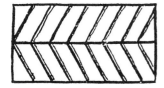

opus tessellatum est pavimentum parvis lapillis (tessellis) compositum.

oraculum —i, n.

est deorum responsum.

Seneca, Contr. 1, praef., 9:

„Quid est enim oraculum? nempe voluntas divina hominis ore enuntiata."

Socrates omnium sapientissimus oraculo Apollinis iudicatus est.

in imagine vasis Graeci picti Pythia (nomine Themis) in tripode *(tripus)* sedet, manu sinistra pateram, manu dextra ramum lauri tenens, responsum (= oraculum) Apollinis effatur Aegaeo regi Atheniensium

orbiculus —i, m.

a) est parvus orbis, circulus, rotula.

b) genus machinae, quae Graece polyspaston appellatur, quod multis orbiculorum circuitionibus et facilitatem summam praestat et celeritatem ad attollenda onera gravia.

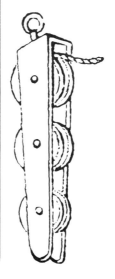

orbis terrarum

est circulus earum terrarum vel regionum, quae
Mare Nostrum (vel Mare Internum, vel Mare
Mediterraneum) circumdant et universae Oceani
circulo cinguntur. talem Homerus in Achillis
clipeo *(clipeus)* universam terram repraesentat.

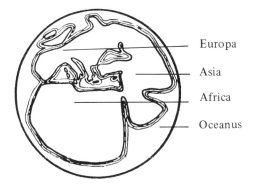

Europa

Asia

Africa

Oceanus

os oris, n.

os est interior pars faciei, apta ad edendum,
spirandum et loquendum.
consonantes, quae in labiis formantur, labiales,
quae in dentibus dentales, quae in palato pala-
tales, quae in velo velares, quae in gutture
gutturales nuncupantur.

os ossis, n.

ossa capitis sunt calvaria (1), et duae maxillae
(2) cum dentibus; spina dorsi (3), quae constat
34 vertebris (4), costae (5), duae scapulae (6),
os sessibuli (7), lacertus (8), tibia (9), fibula
(10) anterior et posterior (11). in ossibus est
medulla.

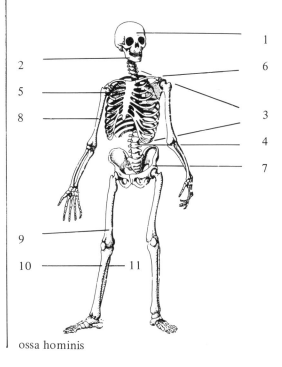

1

2   6

5

8   3

4

7

9

10 —————— 11

ossa hominis

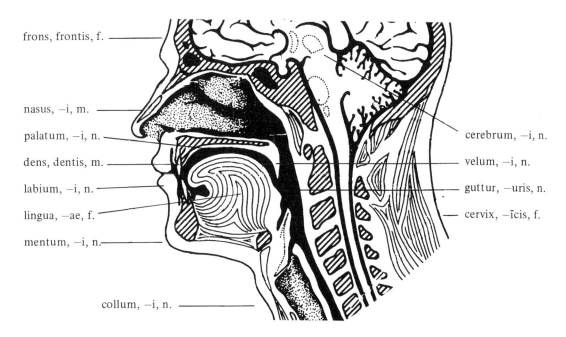

frons, frontis, f. ————

nasus, −i, m. ————

palatum, −i, n. ————

dens, dentis, m. ————

labium, −i, n. ————

lingua, −ae, f. ————

mentum, −i, n.————

cerebrum, −i, n.

velum, −i, n.

guttur, −uris, n.

cervix, −īcis, f.

collum, −i, n. ————

oscillatio −onis, f.

est iactatio per funem (<u>funis</u>); ritus et ludi genus.

oscillatio

<u>oscilla</u> sunt parvae imagunculae, seu parvae *statuae*, quae arte fictili fingebantur et quas arboribus appendebant ut campi a deo, cuius imaginem portabant, protegerentur.

oscillum in arbore sacra prope aram *(ara)*

ovum −i, n.

ovum est fetus avium, piscium et quorundam animalium terrestrium, unde <u>pulli</u> fovendo excluduntur. ovi partes sunt <u>vitellus</u>, seu <u>luteum</u> ovi, et <u>albumen</u> seu <u>album</u>, quod <u>putamine</u>, seu <u>cortice</u> continetur.

dictum: ,,ab ovo usque ad māla" narrare aliquid, i. e. ab initio usque ad finem narrare, nam convivis primum ova apponi solebant, in secunda mensa varia genera mālorum.

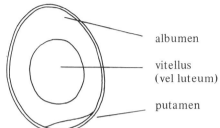

albumen

vitellus
(vel luteum)

putamen

paeninsula —ae, f.

est terra undique fere aquis clausa, una tantum
parte, eaque angusta, continenti adhaerens:
a „paene" et „insula", quia quasi insula est.
promonturium paeninsula est abrupta et saxosa.

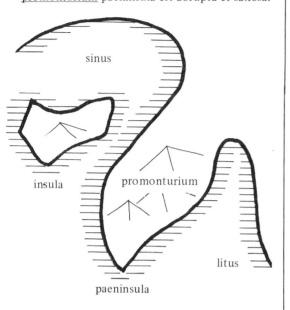

paeninsula

pagus —i, m.

pagus sunt plures vici aut villae simul positae,
nullo moenium ambitu.

speciatim Germaniae et Galliae populi eorumque regio in pagos dividebatur, qui erant pars
ampla regionis.
adi. paganus, ad pagum pertinens.
**apud ecclesiasticos scriptores paganus est,
qui gentilium superstitionem retinet et falsos
deos colit, quia cum Christiana religio passim
vigēre coepit in urbibus, in solis pagis et villis
illa servabatur.

pala —ae, f.

est instrumentum ferreum, rusticum, ligoni
(ligo) simile, sed planum et latius, quo terra
versatur, egeritur, vel aggeritur.

palatium —i, n.

a) mons Palatinus, unus ex septem collibus (collis)
urbis Romae *(septimontium),* in quo urbs pri-

palatium Theodosii Ravennae situm

mum condita est. haec regio urbis Palatium nominabatur.

b) sub imperatoribus ibi <u>aedes maximae</u> immensis sumptibus exstructae sunt: unde factum est, ut domus principis <u>palatium</u> vocaretur.

palimpsestus −i, m.

est membrana iterum abstersa *spongiā,* ut in ea scribi pluries possit.

<u>Cicero</u>, ad familiares, 7, 18, 2:

,,nam quod in palimpsesto (sc. scripsisti), laudo equidem parsimoniam, sed miror, quid in illa chartula fuerit, quod delere malueris, nisi forte tuas formulas."

codex palimpsestus = <u>codex rescriptus</u>. (a verbo graeco palin psao = iterum abradere.)

pallium −i, n.

pallium est quiquid cooperiendo corpori inservit; speciatim pallium est vestis longa, fusa et ampla, quae tunicae induitur: propria est Graecorum, tum virorum, tum mulierum, sicut <u>toga</u> Romanorum et Italorum.

<u>adi.</u> palliatus = pallio amictus: et fere apud Latinos de Graecis dicebatur. <u>fabulae palliatae</u> sunt quae Graecos mores, Graecosque homines inducunt; contra <u>togatae</u>, quae Romanos Italosve.

paludamentum −i, n.

dicitur de veste militari imperatorum et ductorum exercitūs: <u>sagum</u> enim in universum appellabatur vestis militaris, sed imperatoris proprium erat paludamentum.

paludamentum

palus −udis, f.

palus est aqua stagnans, quae aestate plerumque siccatur; in quo differt a lacu, qui perpetuam habet aquam.

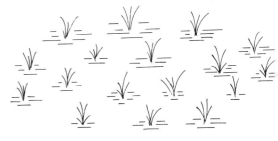

Pantheon Romanum

vulgo Rotundum nominatur, ab Agrippa seu
constructum seu instauratum; porticu *(porticus)*
sedecim columnarum (<u>columna</u>) Corinthiarum
ornatum est, unicum templum Romanum quod
adhuc hodie integrum conspicitur. Lux in eo
superne per magnum <u>foramen</u> in fornicis *(fornix)*
medio constructum intrat. in interiore templi
circuitu septem magnae apsides *(apsis)* sunt, totidem deorum (fortasse Planetarum) statuis collo-
candis destinatae. fornix totius templi inaurato
aere opertus fuit, quod aes olim ab imperatore
Constantio II sublatum est. trabes aeneae
porticūs a papa Urbano VIII sublatae sunt, ut
baldachinum ecclesiae Sancti Petri et tormenta
bellica in arce *(arx)* Sancti Angeli collocanda
funderet. De quo papa scripsit poeta quidam:
,,quod non fecerunt barbari,
fecerunt Barberini"
nam Urbanus VIII e gente Barberini oriundus
erat.

foramen

fornix
(camera)

orthographia Pantheonis

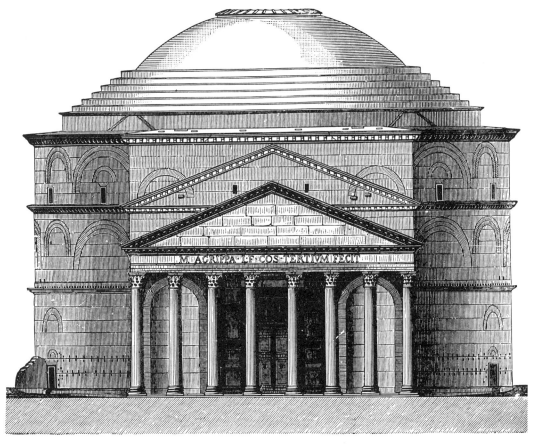

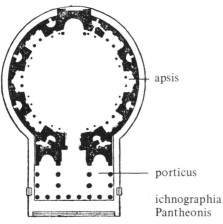

apsis

porticus

ichnographia
Pantheonis

papilio —onis, m.

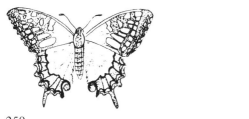

a) est insectum alatum luminibus accensis advolitans, ignavum et inhonoratum, apibus inimicum, cerasque earum depascens, et excrementa relinquens quibus teredines gignuntur: fila *(filum)* etiam araneosa (aranea), quacumque incessit, alarum maxime lanugine obtexens.
b) translate est militare tentorium, quia expansa vela habet ad similitudinem alarum papilionum.

papilio

papyrus —i, m. vel f.

Plinius, H. N. 13, 71:
„papyrus nascitur in palustribus Aegypti, aut quiescentibus Nili aquis, ubi evagatae stagnant, duo cubita non excedente altitudine gurgitum *(gurges),* brachiali radicis obliquae crassitudine, trianguli lateribus, decem non amplius cubitorum longitudine in gracilitatem fastigatam, thyrsi *(thyrsus)* modo cacumen includens,

nullo semine, aut usu eius alio, quam floris,
ad deos coronandos."
e libro *(liber)* interiore papyri praeparantur
chartae. texuntur plagulae libri et conglutinan-
tur suco papyri, prelis (prelum) premuntur et
sole siccantur.

Parcae —arum, f. pl.

tres sorores, filiae Noctis erant, quarum prima
Clotho, secunda Lachesis, tertia Atropos nomi-
nari solent. filum illae vitae humanae nere,
semperque pensa sua trahentes finem quoque
vivendi cuique hominum definire dicuntur.
Clotho nomen a verbo Graeco „klotho" = neo
derivat, Lachesis cuius appellatio a „langchanein"
= sortiri, originem trahit, tertia Atropos ideo
dicitur, quod immutabilis sit („trepo" = verto).
in opere caelato Clotho fusum (1) tenet et
filum net, Lachesis filum forficibus (2) secat,
Atropos fatum globo mundi (3) declarat.

paries —etis, m.

paries est murus domum aliudve privatum aedificium ambiens et sustinens; differt a muro, nam
hic est fere publicus et urbem cingens.
paries craticius est *crates* e viminibus facta luto-
que intecta.
paries latericius est lateribus *(later)* structus, ut
in imagine videtur.
„intra parietes" est domi, privatim.
proverbium: „in caducum parietem inclinare",
dicitur de eo, qui nititur rei parum firmae.
„duos parietes de eadem fidelia dealbare", de
eo, qui apud omnes, etiam adversos inter se,
gratiam inire quaerit.
Horatius, ep. 1, 18, 84:
„nam tua res agitur, paries cum proximus ardet."

patena —ae, f.

patena (aut patina) est vasis genus, quo utebantur ad condiendos et coquendos pisces et alia.
Phaedrus, 1, 26 ss.:
„Vulpes ad cenam dicitur ciconiam
prior invitasse, et illi patinā liquidum
posuisse sorbitionem ..."

patera —ae, f.

est poculi genus planum ac patens, cuius usus
in sacris plurimus.
Varro, L. L. 5, 122:
„(pateris) etiam nunc in publico convivio, anti-
quitatis retinendae causā, cum magistri fiunt,
potio circumfertur; et in sacrificando deis hoc
poculo magistratus dat deo vinum."

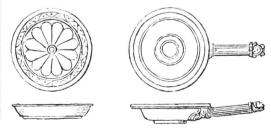

pavimentum —i, n.

est <u>domus</u> solidamentum, sive incrustatio, quam gradiendo inculcamus *(domus Romana)*.
<u>Cato</u>, r. r. 18, 7:
„ibi de *testa* arida pavimentum struito, ubi structum erit, pavito, fricatoque oleo, uti pavimentum bonum siet."
a verbo „pavio (—īvi, —itum, —īre)" = caedere, tundere, pulsare. <u>formula dicendi</u>: terram aut solum pavīre = tundendo calcandoque solidare.

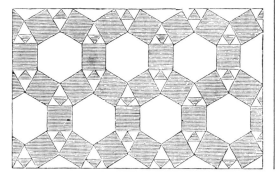

pecten —inis, m.

pecten est instrumentum comatorium densis dentibus instructum ad capillos explicandos.
<u>Plautus</u>, Captivi 268/69:
„... utrum strictimne attonsurum dicam esse an
per pectinem,
nescio ..."
h. e. longius a cute, pectine interposito.
<u>verbum</u>: pecto, pexi, pexum, pectere = componere et ornare capillos pectine.

pecten
„denso dente"

pavo —onis, m.

est avis vario pennarum fulgore conspicua, quam poetae Iunoni tutelae assignarunt, cuius illa <u>caudam</u> ornasse fingitur oculis Argi a Mercurio interempti.

mos fuit flabella *(flabellum)* ex caudis pavonum facere ad abigendas muscas.
**in operibus artis Christianae pavo est *symbolum* vitae aeternae.

***pediludium —i, n.

est lusus pilae, quo pila pedibus impellitur aut
capite, numquam manibus aut corpore. haec est
collocatio lusorum:

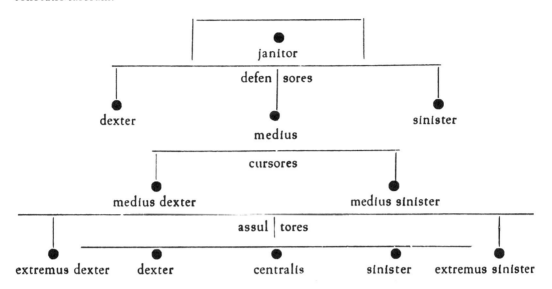

pergula —ae, f.

pergula est locus extra parietem *(paries)* porrec-
tus, saepe tectus vineis aliisve plantis, ubi in <u>umbra</u>
deambulatur. (italiane: pergola)

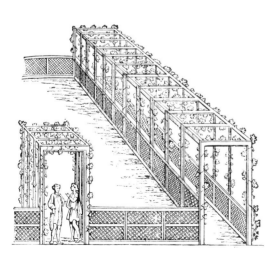

picturae murales Romanae pergulas exhibentes

perpendiculum —i, n.

est instrumentum fabri materiarii seu caementarii, quo plumbo a filo pendente <u>rectitudo</u> aut <u>obliquitas</u> operis perpenditur et examinatur. eius <u>inventor</u> fuit Daedalus.

<u>Plinius,</u> H. N. 36, 172:

„structuram ad normam *(norma)* et libellam *(libella)* fieri, ad perpendiculum respondere oportet."

<u>Vitruvius,</u> 6, 8, 5:

„uti omnes structurae perpendiculo respondeant, neque habeant in ulla parte proclinationes."

perpendiculum

persona —ae, f.

a) est larva histrionalis, h. e. ficticia facies, qua fabularum actores utebantur, totum caput obtegens, aversā parte capillamento instructa, adversā humanum vultum senis aut adulescentis aut mulieris etc. referens, ore tamen iusto latiore et rotundo, qua vox exiret facilius.

tragoediae personae

comoediae personae

b) latiore sensu a similitudine dicuntur personae <u>simulacra</u> et imagines *(imago)*, hominum aut animalium capita vultusque ferentes.

c) translate persona dicitur ipse <u>actor</u> et <u>histrio</u>. hinc in fronte fabularum Plauti et Terentii enumerantur personae, quae in iis inducuntur loquentes.

d) persona est conditio, status, munus, quod quisque inter homines et in vita civili gerit.

<u>Cicero,</u> Quinct. 13. 45:

„petitoris personam capere, accusatoris deponere."

e) persona pro homine absolute usurpatur:

<u>Paulus,</u> Dig. 1, 5, 1:

„omne ius, quo utimur, vel ad personas pertinet, vel ad res, vel ad actiones."

meretricis persona

senis persona

personatus,
personam senis
gerens.
personatus est
is, qui personā,
larvā indutus
est.

pharmacopola —ae, m.

facit et vendit remedia et unguenta omne genus.

in opere caelato sarcophagi delineatum est
pharmacopolium variis vasis et instrumentis
instructum, in sinistra parte est *mortarium*
cum pistillo *(pistillum)*

pharus —i, f.

a) Pharus erat oppidum Aegypti apud Alexan-
driam; in ea ingens *turris* erat, ex qua lumen per
noctem navigantibus elucebat.
b) hinc etiam machinae in portubus *(portus)*
idem officium navigantibus praebentes, phari
nominabantur.

imago nostra pharum portūs Ostiensis monstrat,
simulque navem e portu altum mare petituram.
(in velo navis depicta est lupa Romulum Re-
mumque lactans.)
opus caelatum e collectione Torlonia

phaselus —i, m.

a) proprie est genus leguminis, quod quidam in
duo genera dividunt, maius et minus. (in re bota-
nica: phaseolus vulgaris et vicia faba)

b) translate est navigii genus, mixtam formam habens ex oneraria et longa triremi, quod tam velis quam remis agi poterat; brevis est navicula, qua naves maiores in alto mari versantes conscendebantur.

fictiles etiam phaselos in usu fuisse apud Aegyptios testatur Iuvenalis, 15, 127:

„parvula fictilibus solitum dare vela phaselis."
phaselus est „navium celerrimus," Catullus 4, 2. .

Phrixus et Helle

Phrixus, cum ab Ino noverca ad necem quaereretur, una cum Helle sorore profugit, rapto ariete velleris aurei *(vellus aureum)*, in quem conscendentes mare transmittebant. sed ad fretum Aegaei Helle exterrita decidit mersaque est Hellespontoque nomen dedit. Phrixus vero incolumis in Colchidem pervenit ad regem Aeeten, ubi, Iovi ariete mactato, aureum vellus Marti sacravit; quod, a dracone custoditum, Iason cum Argonautis ope Medeae inde abstulit. aries autem intra sidera translatus est. *(Argo)*

pictor —oris, m.

nomen agentis, derivatum a verbo pingere (pinxi, pictum). actio pictoris est pictura, i. e. actionum statuumque imitatio colorum linearumque ope perfecta.

imago officinam pictoris monstrat: 1 machina pictoris 2 discus colorum 3 peniculus vel penicillus 4 sella 5 exemplar, simulacrum

pictura —ae, f.

pictura est ars pingendi; metonymice sumitur pro tabula, vel tela, vel alia re picta.
Cicero, Verr. 4, 1, 1:
„nego ullam picturam neque in tabula, neque textilem fuisse, quin conquisierit (sc. Verres), inspexerit, quod placitum sit, abstulerit."
hae picturae distinguuntur:
a) pictura in tabula (sc. lignea),

pictura
in tabula

b) pictura in linteo vel in sipario,

pictura
in linteo

c) pictura inusta,
d) pictura udo tectorio *(tectorium)*,
e) pictura textilis, vel imago acu *(acus)* picta.

pīla —ae, f.

pila est sphaera, globus, quo luditur.
Petronius, Satyr. 27:
pilam repetere, quae terram contigit.
Plautus, Captivi, 22:
„enimvero dii nos quasi pilas homines habent."

pīla —ae, f.

a) pila est *mortarium,* vas aeneum, lapideum
aut ligneum, in quo aliquid pinsitur et commi-
nuitur.

b) pila est structura erecta in modum columnae,
ad aliquid fulciendum. differt a columna, quae
uno scapo constat, h. e. lapide oblongo perpetuo: pila vero structilis est pluribus lapidibus
aut lateribus.
Livius, 40, 51, 4:
„locavit pilas pontis in Tiberim: quibus pilis
fornices *(fornix)* post aliquot annos ... loca-
verunt imponendos "

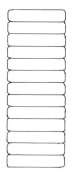

c) pila item est saxea moles, quae praestruitur
litori ad frangendam undarum vim.
d) ***pila electrica

pilae elementum:

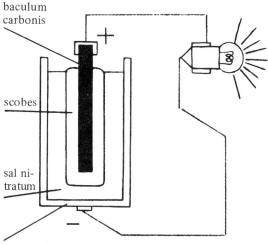

baculum
carbonis

scobes

sal ni-
tratum

zincum (cadmia)

pileus −i, m. (vel −eum n.)

est tegmen et indumentum virile capitis, pilei
figura fere similis erat dimidio ovi *(ovum)*
putamini.
Paulus Diaconus, p. 207, 4 M.:
„pilea *Castori et Polluci* dederunt antiqui, quia
Lacones fuerunt, quibus pileatis pugnare mos
fuit." *(manumissio)*

pileolus

pinna −ae, f.

a) est id, quo aves vestiuntur; differt a pluma,
quae tenvior est, mollior et densior, totumque
corpus tegit.
b) murorum et turrium et valli cacumina, quae
in acutum per intervalla desinunt, pinnae
vocantur.
Caesar, B. G. 7, 72, 4:
„aggerem et vallum ... exstruxit, huic loricam
pinnasque adiecit."

pinnae moenium

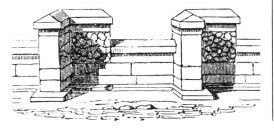

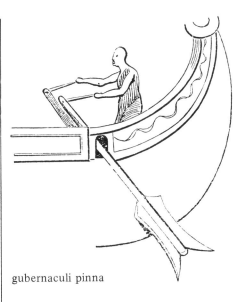

gubernaculi pinna

pinus −us (vel −i), f.

est arbor ex earum genere, quae resinam fundunt,
in magnam altitudinem se promittens, ramosa in
vertice *(vertex)*, folia habens capillamenti modo
praetenuia, longa, mucrone aculeata et numquam
decidentia. nucamentum pinus sacrum erat
Baccho. *symbolum* vitae aeternae erat ideoque
saepe in monumentis sepulcralibus invenitur.

piscator −oris, m.

piscator est is, qui piscatur aut pisces captos
publice vendit. capiuntur pisces hamo *(hamus)*,
reti *(rete)*, aut *nassa*.
adi. piscatorius: piscatoria *navis;* in *taberna* piscatoria vel in foro piscatorio pisces vēneunt.

solebant, omnes in hunc usum collectae aquae, sive frigidae sive calidae, piscinae dicebantur, quamvis in his nihil piscium sit. *(balneum)*

pistillum —i, n.

pistillum est instrumentum, specie clavae *(clava)*, quo grana aliaeque res in mortario *(mortarium)* teruntur.

pistor —is, m.

qui <u>farinam</u> subigit panemque conficit.
<u>Plinius</u>, N. H. 18, 107:
,,pistores Romae non fuerunt ad Persicum usque bellum ... ipsi panem faciebant Quirites (= Romani), mulierumque id opus maxime erat, sicut etiam nunc in plurimis gentium.''
<u>pistrina</u> est *officina* pistoris.

piscina —ae, f.

a) piscina est <u>lacus</u> vel <u>stagnum,</u> in quo vivi pisces coercentur.
b) quoniam in piscinis etiam homines natare

opus caelatum sarcophagi Romani: in parte superiore <u>aratores</u> agrum laborant, in parte inferiore ad dextram molam *(mola)* agitant, ad sinistram pistor panes in fornacem *(fornax)* immittit

pittacium —i, n.

est schedula brevis seu membranae aut chartae particula, quae alicui rei vel pice vel cera aliave re affigitur, et paucis verbis perscribitur memoriae causa.
Petronius, Sat. 34, 6:
„allatae sunt amphorae vitreae diligenter gypsatae, quarum in cervicibus pittacia erant affixa cum hoc titulo: Falernum Opimianum annorum centum.“

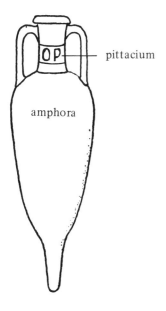

pittacium

amphora

plaustrum —i, n.

est carrus, vehiculum magnis oneribus ferendis aptum, praesertim apud rusticos. Scythae in plaustris habitasse dicuntur, de quibus
Horatius, carm. 3, 24, 9/10:
„campestres melius Scythae,
quorum plaustra vagas rite trahunt domos.“
plaustris sacra Cereris eiusque ministras Athenis et Romae vectare mos erat.

pomarius —i, m.

est pomorum venditor ut in opere caelato sarcophagi describitur.
pomarium, —i, n. est locus pomiferis arboribus consitus, pometum.
Varro, r. r. 1, 2, 6:
„non arboribus consita Italia est, ut tota pomarium videatur? “
pomarium item est locus in villa, ubi poma decerpta conduntur. (cella)

pondus —eris, n.

a) pondus est quod adhibetur in *statera* vel lance *(lanx)* ponderandi gratiā.

b) pondus abstracte est <u>gravitas,</u> momentum, onus.

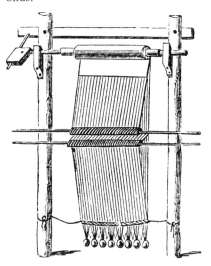

pondera iugi textorii

pons pontis, m.

est id, quo super flumen, vel foveam *(fovea)*, vel simile quid transimus.

porta —ae, f.

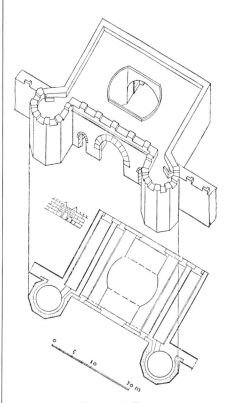

porta orientalis oppidi Helvetici Aventici

insula in medio Tiberi sita duobus pontibus cum urbe coniungitur: dextrā est Pons Fabricius, sinistra Pons Cestius. primus pons urbis Romae non longe ab hoc loco erat, sed erat <u>pons sublicius *(sublica)*</u>

est aditus urbis, vel alterius loci vallo fossave muniti, qua res importantur vel asportantur.
<u>Plautus</u>, Bacch. 711:
„recta porta invadam extemplo in oppidum antiquum et vetus."
„Hannibal ante portas" dicitur cum res in summo periculo est.

porticus —us, f.

porticus, ut ait <u>Isidorus</u>, Orig. 15, 5, quasi porta, est locus amplus et longus, columnis aut pilis suspenso tecto munitus, cetera apertus, deambulationis umbraeque et imbrium vitandorum causā. erant privatae, quas ditiores sibi construebant tum in urbe, tum in agris: erantque

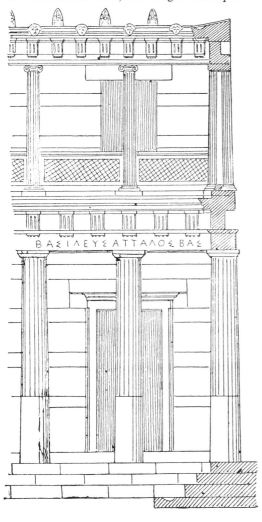

porticus regis Attalı, Athenis in foro exstructa

publicae, ingenti sumptu exstructae, signis *(signum)*, picturis, marmoribus exornatae, in quibus non solum otiosi homines deambulare solebant, sed aliquando ius dictum, senatum habitum, exceptos legatos legimus; item varia negotia agitata, <u>sponsalia</u> inita, merces pretiosas expositas etc.

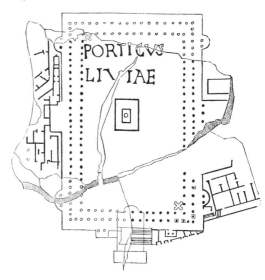

in „Forma Urbis" in Capitolio Romano expositā ichnographia Porticūs Liviae videtur

portus —us, m.

a) est locus in secessu litoris *(litus)* vel natura vel manu conclusus, aditu in mare patenti, ubi naves consistunt a ventorum iniuriā liberae.
<u>formulae:</u> „in portum ex alto invehi", „in portum se recipere".
b) per metaphoram portus est locus tutus.

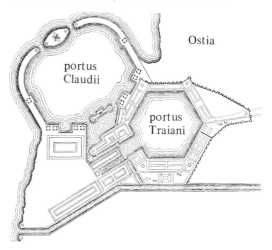

praeco —onis, m.

praeco est minister publicus, praedicator, qui voce quaestum facit.
Cicero, Nat. Deor. 3, 34, 84:
haec sublata de fanis in forum protulit et per praeconem vendidit.

praesaepe —is, n. (vel praesaepium, —i, m.)

praesaepe est locus saeptus, in quo pecudes stabulantur; est etiam locus in stabulo *(stabulum)*, ubi pabulum iumentis apponitur. praesaepe dicitur etiam de quocumque loco clauso.

precatio —onis, f.

est rogatio, obsecratio, preces, praesertim quae dis adhibentur.

gestūs precandi vel orandi

pressorium —i, n.

est instrumentum ad premendum.
Plinius Valerianus, 2, 17:
„cotonea purgare, tundere diligenter et exprimere in pressorio.“
prelum, —i, n.
est instrumentum, quo uva, oliva, aliudve quid comprimitur ad succum exprimendum vel ad aliquid aequum lucidumque reddendum.

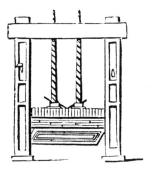

pressio in maius *pistillum* augetur eadem pro-
portione *(proportio)* qua est *superficies* pistilli
parvi ad superficiem pistilli magni.

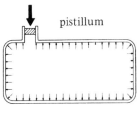

pistillum

prelum hydraulicum

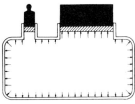

proles —is, f.

est progenies, soboles, liber.
Tibullus, 1, 7, 55:
„at tibi subrescat proles, quae facta parentis
augeat..."
proletarius, —a, —um
proprie proletarii erant pauperrimi homines in
plebe Romana. fere immunes erant a militia,
excepto si tumultus maximus exstitisset. prolem
rei publicae procreabant.

proportio —onis, f.

proportio est comparatio et respectus unius rei
ad aliam: a „pro" et „portio"; quia saepe „pro

portione" Latine dicebatur, paulatim coalescen-
tibus usu frequenti duabus vocibus „proportio"
facta est.
*proportio divina = ***sectio aurea, quod autem
nomen saeculo decimo nono huic proportioni
datum est. proportio divina a Pythagoreis inventa est.

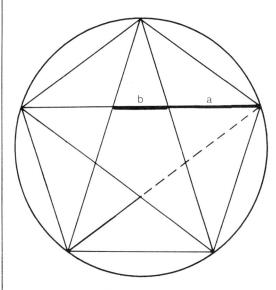

pentagramma sectionem auream praebens:
$b : a = a : (a + b)$

constructio sectionis aureae
$EB : AE = AE : AB$

proportionalitas:
Cassidorus, de geometria 6:
„proportionalitas in tribus, ut minimum, ter-
minis invenitur, cum proportionales eidem
eiusdem magnitudinis proportiones esse dicuntur, praecedentes consequentibus, et praece-
dentibus consequentes."
multis in floribus aliisque a natura procreatis
rebus proportio divina reperitur, ut haec
exempla monstrant:

Rosa canina

Aquilegia

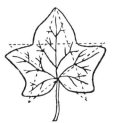

folium Hederae

Campanula

Asterias rubens

propugnaculum —i, n.

propugnaculum est locus munitus, unde pugnari potest defendendi causā, ut <u>vallum</u>, <u>moenia</u>, *arx,* aut *turris* in nave *(navis)* constructa.
<u>Tacitus</u>, Hist. 3, 34:
„Cremona ..., propugnaculum adversus Gallos."

prora —ae, f.

prora est anterior pars *navis,* sicut *puppis* poste-rior. navis cum portum *(portus)* intrat, prorā intrat: cum vero religanda est, convertitur et puppi religatur, prora autem mare spectat *(proreta).*

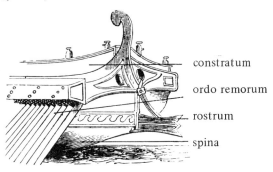

constratum

ordo remorum

rostrum

spina

proreta —ae, m. vel proreus

in navis *prora* sedet, ibique ventos captat, et de eorum conversionibus gubernatorem monet, docet etiam, rupes et scopuli ubi sint, ut is converso clavo *(clavus)* eos declinet.
<u>Rutilius</u>, de reditu 1, 455, 56:
„despectat prorae custos, clavumque sequentem dirigit, et puppim *(puppis)* voce monente regit."

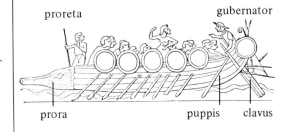

proreta   gubernator

prora   puppis   clavus

pruna —ae, f.

pruna est <u>carbo</u> vivus (aut ardens).
<u>Servius</u>, ad Aen. 11, 788:
„pruna, quaṃdiu ardet, dicitur."
<u>Vergilius</u>, Aen. 5, 103:
„subiciunt veribus prunas et viscera torrent."
<u>caro</u> autem in crate *(crates)* ferrea aut in veru, subiectā prunā (aut carbone ardente) torretur. *(veru)*

pupa —ae, f.

pupa est imaguncula quaedam puellaris, ex linteo insuta, tomento infarcta, vestibus amicta, qua virgo in prima pueritia lusitare solebat, et quam pubertati vicina tamquam virginitatis suae *insigne* Veneri offerebat, ut fauste futurum matrimonium cederet. pueri eodem tempore bullam *(bulla)* Laribus *(Lares)* offerebant.
demin. pupilla, —ae, f.
a) plerumque significat filiam orbam parentibus et sub tutore agentem.
b) praeterea pupilla dicitur foramen oculi *(oculus)* per quod species rerum ad visum transmittuntur.

puppis —is (acc. —im, abl. —i), f.

puppis est pars *navis* posterior, altior, ornatior et honoratior, ubi gubernaculum et *clavus.*
Vergilius, Aen. 3, 130:
,, prosequitur surgens a puppi ventus euntes."
ventus secundus a puppi flat.

purpura —ae, f.

est concha marina (ut conchylium, et *murex*). ex eius suco color purpureus efficitur. captis muricibus enim eximebatur vena et addito sale macerabatur triduo: deinde in *cortina* plumbea decoquebatur. lana immissa quinis horis potabat, rursusque immergebatur, ut totam saniem ebiberet, indueretque colorem illum, qui tanto in pretio quondam fuit.

purpuratus est is, qui purpurā indutus, ornatus est, et speciatim purpurati dicuntur, qui circa reges sunt et apud eos dignitate et gratia antecellunt.

murex in tinctoris sigillo

puteus —i, m.

est locus, qui perpetuas habet aquas ex terrae venis manantes, non tamen fontium *(fons)* more foras erumpentes.
puteal —alis, n. est saeptum marmoreum, rotundum, puteo circumdatum, ne incautius accedentes in praeceps ruant.

girgillus

puteal

puteus

pyxis —idis, f.

pyxis est vasculum e buxo excavatum, teres, et operculo in ipsum vas intrante clausum et translate accipitur pro vase parvo ex quacumque materia, ad servanda ea, quae plurimum interest bene clausa servari, ne corrumpantur, ut medicamenta, venena, odores et huiusmodi.
Suetonius, Nero 12, 9:
,,barbam primam posuit, conditamque in auream pyxidem ... Iovi Capitolino consecravit."

umbraculum

pyxis

quadriga —ae, f. / quadrigae —arum, f. pl.

quadriga sunt quattuor equi ad currum trahendum apti; item currus a quattuor equis tractus. in fastigio *(fastigium)* Capitolii quadrigae fictiles fuerunt ornatūs gratiā, currum Iovis referentes. poetice quadrigas etiam Soli, Aurorae aliisque deis tribuerunt.

nummus quadrigatus

quadrivium —i, n.

a) quadrivium est locus, ubi via alteram viam secat, *area,* unde viae in quattuor regiones oriuntur.
b) **quadrivium nominantur quattuor *artes liberales* difficiliores: arithmetica, geometria, astronomia, musica.

quorsum (quo[ve]rsum)

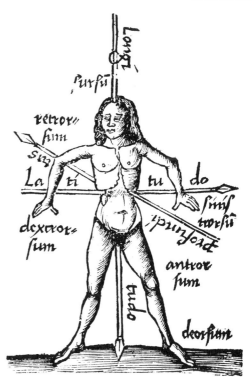

imago sumpta est e Margarita Philosophica Gregorii Reisch (1503)

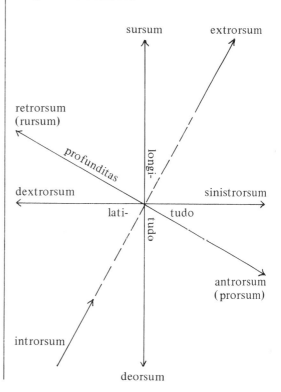

radius —i, m.

a) est bacillus seu virga.

b) speciatim est virga mensorum, mathematicorum, astronomorum, ad metiendum et figuras lineasque in pulvere delineandas.

radius astronomi

Cicero, Tusc. 5, 23, 64:
„humilem homunculum a pulvere et radio excitabo, ... Archimedem.“

c) radius dicitur linea recta, quae a centro circuli ad circumferentiam ducitur.

d) radii dicuntur regulae in rota, quae hinc modiolo, illinc cantho seu absidi inseruntur.

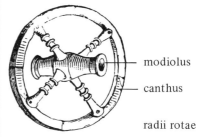

modiolus

canthus

radii rotae

e) a similitudine radius est splendor, qui e sole, stellis, igne emittitur.

radii coronae

Raetia, Noricum, Pannonia, Vallis Poenina

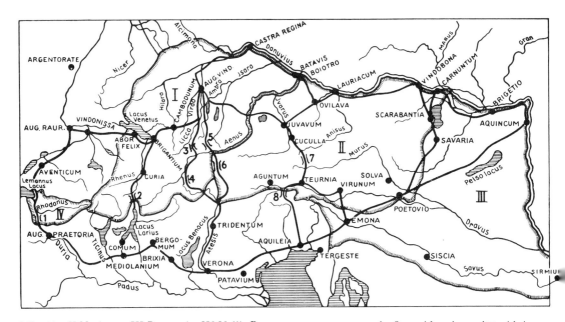

I Raetia, II Noricum, III Pannonia, IV Vallis Poenina   1—8 oppida, viae, saltūs Alpium

raster —tri, m. vel rastrum —i, n.

raster est instrumentum rusticum dentatum,
ferreum plerumque, interdum ligneum.
Plinius, N. H. 18, 180:
„aratione per transversum iteratā, occatio sequi-
tur, ubi res poscit, crate *(crates)* vel rastro.“

ratis —is, f.

ratis est connexarum trabium compages, quae
per aquam agitur, usum navium praebens.
Paulus Diaconus, p. 272, 8 M.:
„rates vocantur tigna colligata, quae per aquam
aguntur; quo vocabulo interdum etiam naves
significantur.“

regio —onis, f.

regio est aliquoversum directio, orbita, linea.
Curtius, 8, 13, 23:
„traicere amnem cum ceteris copiis in regionem
insulae, de qua ante dictum est, parabat.“
caeli regiones quattuor sunt: septentrio, meridies,
ortus, occasus *(regiones caeli)*.
regio est etiam pars terrae magna aut parva, tractus, plaga, locus.
Cicero, Nat. Deor. 1, 10, 24:
„terrae maximas regiones inhabitabiles atque
incultas videmus, quod pars earum appulsu solis
exarserit, pars obriguerit nive pruinaque
longinquo solis abscessu.“

in urbe est pars maior, quae in vicos rursus dividitur. urbs Roma in quattuor regiones dividebatur: Suburbanam, Esquilinam, Collinam et Pala-
tinam.
***hodie regio Basiliensis: partes Helvetiae, Fran-
ciae, Germaniae circum urbem Basileam sitas
amplectitur, quae iisdem necessitatibus coniunc-
tae sunt.
regiones dictae sunt etiam partes, in quas Italia
divisa est, quaeque Augusto imperante undecim
fuerunt.

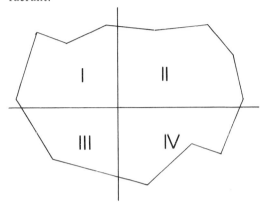

regiones caeli

et tempora

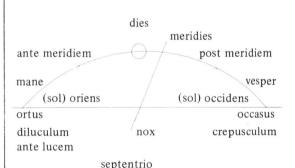

adiectiva:

ante lucem:	antelucanus
mane:	matutinus
ante meridiem:	antemeridianus
meridies:	meridianus
post meridiem:	postmeridianus
vesper:	vespertinus
dies:	diurnus
nox:	nocturnus
oriens:	orientalis
occidens:	occidentalis
septentrio:	septentrionalis

rete −is, n.

rete est instrumentum, quo aves, ferae, pisces capiuntur; plaga, *laqueus.*
Cicero, Nat. Deor. 2, 48, 123:
,,(araneolae) quasi rete texunt, ut, si quid inhaeserit, conficiant."
verbum: irretire = reti involvere et capere aliquid.

tela, vel rete, araneae

retiarius −i, m.

hoc nomine speciatim dicebatur alter ex gladiatoribus in arena depugnantibus: fuit enim genus gladiatorii certaminis, in quo duo pugnabant, quorum alter retiarius vocabatur, quod tunicatus fuscinam et *rete* gestaret, quo adversarium involveret et implicaret.

fuscina

retiarius

reticulum −i, n.

generatim est parvum *rete*, vel rete solito angustioribus maculis contextum. reticulum nominatur etiam fascia vel pileolus *(pileus)* in modum retis a mulieribus praecipue usurpatus capillis continendis *(vestimenta).*
***reticulum hodie nominatur instrumentum reticulo instructum, quo *pĭla* in campum adversarii reiicitur.

reticulum

rogus −i, m.

rogus est strues lignorum, in qua imposita cadavera cremabantur.

rostra −orum, n. pl.

est suggestus et locus circa positus, ante Curiam Hostiliam, quas enim primum hostiles naves Romani bello Latino ab Antiatibus ceperunt,

nummus M. Lollii Palicani, rostra in foro exhiben

earum rostris in victoriae monumentum, eam partem fori exornari placuit, ubi <u>suggestus</u> erat seu <u>pulpitum</u>, cuius figuram exhibet nummus G. Lolliae, quo contiones ad populum habebantur.

<u>Cicero</u>, in Pis. 3, 7:

„ita est a me consulatus peractus ... ut semper in rostris (sc. apud populum in contione) curiam, in senatu populum defenderim."

rostrum —i, n.

a) est os, quo animalia (exempli gratia aves) cibum capiunt.

b) rostrum *navis* est trabs aenea aut ferrea, prominens ex prorae *(prora)* parte inferiore, rostri modo, unde, si navis remigio agitaretur in hostilem navem, haec perforari poterat et deprimi.

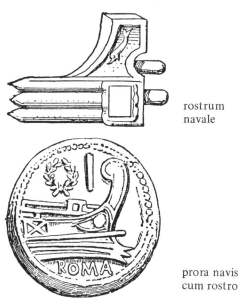

rostrum navale

prora navis cum rostro

rota —ae, f.

est instrumentum versatile, rotundum, *orbis*, quo circumacto currus procedit: eius partes sunt <u>modiolus</u>, <u>radii</u>, <u>orbis</u> (canthus).

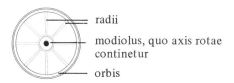

radii

modiolus, quo axis rotae continetur

orbis

rota tractoria in usu est ad onera magna sublevanda. rota machinae tractoriae calcantibus *(calco)* operariis versatur, oneraque in altitudinem tollit ut in imagine Capuae inventā, ubi <u>columna</u> erigitur hāc machinā.

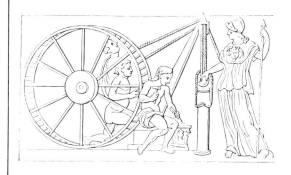

rota aquaria

<u>Vitruvius</u>, 10, 5, 1:

„(rotae) modiolis aquam haurientes et in summum referentes, sine operariorum calcatura, ipsius fluminis impulsu versatae, praestant, quod opus est ad usum " h. e. sine ope hominum qui calcando rotas versent. *(calco)*

rota Fortunae

Fortuna dea in media rota sedet. in orbe (<u>orbis</u>) rotae homines circumvolvuntur: rex in solio sedet („regno"), fertur <u>deorsum</u> („regnavi"), in infimo est („sum sine regno"), denuo <u>sursum</u> fertur („regnabo") *(quorsum)*.

imago Fortunae sumpta est e manuscripto Medii Aevi, quod multa carmina popularia Latina continet et titulum „Carmina Burana" portat.

saepes —is, f.

saepes est saeptum ex lignis, ramis arborum, aut spinis consitis, quo clauduntur agri aut horti.
Ovidius, Ars am. 3, 562:
„cingenda est altis / saepibus ista seges.“

saepia —ae, f.

est genus marini piscis atrum humorem (quod atramentum dicitur) vomens, quo aquam circa se adeo infuscat, ut ea se celet, et piscatoris manūs effugiat.
Ovidius, Halieut. 18 ss:
„saepia tarda fugae, tenui cum forte sub unda deprensa est, iam iamque manus timet illa rapaces,
inficiens aequor nigrum vomit illa cruorem,
avertitque vias, oculos frustrata sequentes.“

salmo —onis, m.

salmones sunt genus piscium, qui e montibus per vastissima flumina dulcium aquarum in mare descendunt, sub solari aestu autem a mari per flumina in montes ascendunt agilitate saltūs loca abrupta superantes.

salmones fumo siccantur (1), in aquā percoquuntur (2), sole torrentur (3).
imago piscationem salmonum monstrat, qualis inter populos septentrionales perficitur.
sumpta est haec *xylographia* ex Olai Magni Historiā de Gentibus Septentrionalibus (1555)

sarcina —ae, f. (vel sarcinae —arum, f. pl.)

sarcina est involucrum, fascis rerum utensilium, quem quis umeris portare potest. sarcinae a militibus in baculis portabantur.

Caesar, B. C. 3, 76:
,,magna parte impedimentorum et sarcinarum relicta."

formula dicendi: sarcinis gravare aliquem;
Phaedrus, 2, 7:
,,muli gravati sarcinis ibant duo."

miles sarcinam portans

equus sarcinam portans

sarcophagus —i, m.

sarcophagus (Gr.), qui carnem comedit, consumit. speciatim dicitur de lapidis seu marmoris genere, in quo corpora defunctorum condita cito ad ossa rediguntur.

Plinius, H. N. 2, 211:
,,At circa Asson Troiadis lapis nascitur, quo consumuntur omnia corpora: sarcophagus vocatur." sarcophagus pro sepulcro poni consuevit, praesertim eo, in quo cadaver integrum sine rogo *(rogus)* conditur.

parietes sarcophagorum saepe operibus caelatis ornabant, quae imagines nobis testimonio sunt earum opinionum, quas sibi homines de morte, de vita praeterita et futura finxerunt.

sarcophagus Scipionis Barbati

duo sculptores sarcophagum exsculpunt

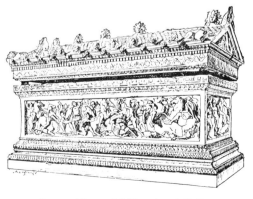

sarcophagus Alexandri Magni qui dicitur

sarculum —i, n.

sarculum est instrumentum sariendis agris aptum.
sarire = agros malis herbis purgare.
rustici primum agros arabant et occabant, deinde
sariebant et serebant.
Plautus, Capt. 663:
„semper occant prius quam sariunt rustici.“

sartago—inis, f.

sartago est vas culinarium, in quo cibi friguntur
(frigo, frixi, frictum), vel aliud quippiam lique-
fit aut torretur.

Saturnalia n. pl. (gen. —iorum),
dat. abl. —ibus

Saturnalia erant festa septem dierum in honorem Saturni. celebrabantur mense Decembri.
erant autem dies illi pleni laetitiae. his continu-
ae epulae et commissationes erant; munera ultro
citroque mitti remittique solebant a Romanis.
domini servis discumbentibus inserviebant;
Saturni enim aevo omnia communia fuerunt,
nec, quid servitus esset, notum fuit.

scala —ae, f. (scalae —arum, f. pl.)

est machina pluribus gradibus constans, qua
utimur ad adscendendum in superiora.
Caesar, B. C. 1, 28, 4:
„milites positis scalis muros adscendunt.“
in aedibus plures erant gradus lignei vel lapidei

parietibus infixi atque immobiles, ad superio-
rem contignationem *(contignatio)* ferentes.
Martialis, 1, 117, 7:
„et scalis habito tribus, sed altis.“
h. e. in tertia aedium contignatione, ubi habitare
solebant pauperiores.

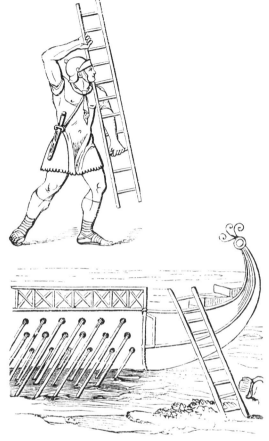

scala, qua navis adscenditur

scalprum —i, n.

est ferramentum, quo aliquid inciditur. varii
hoc scalpro *artifices* utuntur, ut sutores, lapici-
dae, agricolae, chirurgi. deminutivum: scalpel-
lum.

scamnum —i, n.

est gradus ligneus, qui lecto apponitur scandendi causā; aut fulciendorum pedum, dum sedēmus.
deminutivum: scabellum.

scabellum

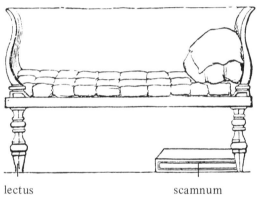

lectus   scamnum

scapha —ae, f.

scapha est exigua navicula, quales sunt, quae in maioribus circumvehuntur, vel eas pone sequuntur; item quibus utimur ad piscandum.

***scapha complicabilis, constat ex harundinibus et involucro impermeabili. harundines asportandi causā in parvas partes disiungi possunt.

sceptrum —i, n.

sceptrum baculum est, *signum* potestatis regum, ex ebore factum: sceptrum eburneum. sceptrum imperatoris *aquilā* ornatum est.

sceptrum Augusti

Porsennae, regis
Etrusci, sceptrum

scopa —ae, f. (vel scopae —arum, f. pl.)

scopae ex multis virgis constant et sunt instrumentum quo verrimus et sordes cumulando purgamus.
proverbium: „scopas dissolvere" = rem aliquam inutilem reddere.
Cicero, Orat. 71, 235:
„isti autem, cum dissolvunt orationem, in qua nec res, nec verbum ullum est, nisi abiectum, non clipeum, sed ut in proverbio est (etsi humi-

lius dictum est, consimile est), scopas, ut ita dicam, mihi videntur dissolvere."

„scopae solutae" etiam de homine nihili dicitur.

scytala —ae, f.

(Gr.) est genus epistulae secretioris apud Lacones (et postea etiam apud Romanos), quam scribebant in membrana, vel loro, super surculum spirae modo extento, deinde evolutum lorum mittebant ad eum, qui conscius erat: a quo rursus circa parem surculum circumvolvebatur, apparebantque verba prius descripta, quae parem surculum non habenti fieri nullo modo poterat, ut legerentur.

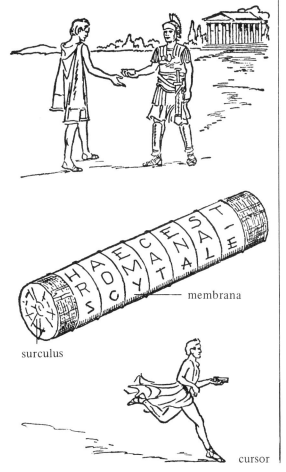

surculus

membrana

cursor

sella curulis

sella curulis fuit unum ex insignibus primo quidem regum Romanorum, deinde, eis exactis, maiorum magistratuum solummodo, nempe consulum, praetorum, censorum et aedilium eorum, qui de patribus creati essent, quique hac ipsa de causa curules denominati sunt. sella curulis erat curvis pedibus, signis ornata, sublata gradibus, insculpta et distincta ebore.

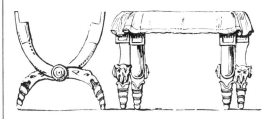

sensus —ūs, m.

sensus est actus sentiendi. sunt quinque sensūs in animalibus: auditus (—ūs, m.), visus (—ūs, m.), olfactus (—ūs, m.), gustus (—ūs, m.) et tactus (—ūs, m.).

„anima sapit ac meminit in cerebro, irascitur in corde, concupiscit in hepate, audit in auribus, cernit in oculis, olfacit in naribus, gustat in palato et lingua, sentit in omnibus partibus corporis." (Erasmus).

palatum, cerebrum: cf. —os, oris, n.

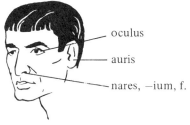

oculus

auris

nares, —ium, f.

septentriones —um, m. pl.

sunt septem stellae, quae Ursam maiorem vel Arctum (—us, f.) conficiunt.

si recta linea a sexta ad septimam stellam quinquies producitur, invenitur stella polaris ad quam *axis* terrae vergit.

adiectiva: septentrionalis, —e, arcticus / antarcticus.

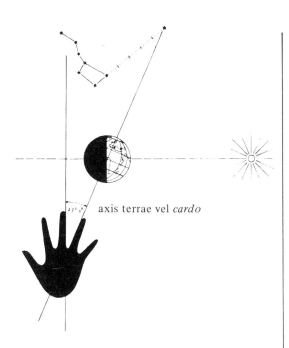

axis terrae vel *cardo*

Septimontium —i, n.

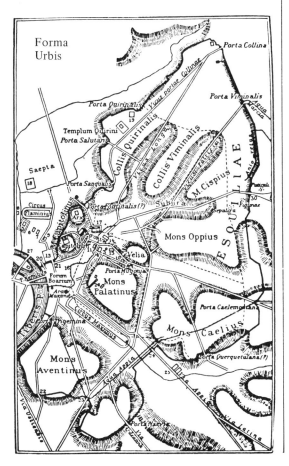

Forma
Urbis

est dies festus, undecimo die mensis Decembris
in honorem septem montium aut collium primi-
tivae urbis Romanae celebratus. septem colles
aut montes sunt:
Mons Capitolinus (Capitolium)
Mons Palatinus (Palatium)
Mons Aventinus
Mons Caelius
Mons Esquilinus
Collis Viminalis
Collis Quirinalis.
hi septem montes moenibus Servianis saepti
erant (in Forma Urbis lineā
indicantur moenia Serviana).
sunt alii colles et montes, ut Mons Vaticanus,
Mons Marius trans Tiberim siti, qui non inter septem montes antiquae Urbis numerantur.

sera —ae, f.

sera est repagulum, fustis, qui opponitur clausis
foribus.
Varro, L. L. 7, 108:
„serae, quibus remotis, fores panduntur."

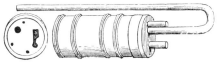

signifer —i, m.

signifer in re militari est is, qui in exercitu
signum seu *vexillum* fert.

imago signiferi in
columna Traiani

signum / sigillum, —i, n.

sigillum est imaguncula, parvum *signum* vel *statua*. sigillum etiam est imago, quae <u>anulo signatorio</u> in cera aliave materia imprimitur, obsignandis litteris, amphoris *(amphora)*, scriniis.
<u>verbum</u>: sigillo 1 = signo vel sigillo instruere, munire.

anulus signatorius

signa militaria

silex —icis, m.

est lapis durus, sectilis, cui scintillae ignis excuduntur.
viae publicae silicibus stratae sunt, ut apud <u>Livium</u>, 41, 27, 7:
„clivum Capitolinum silice sternendum curaverunt."

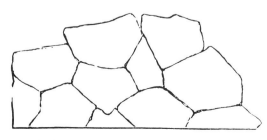

via silicibus strata

silicernium —i, n.

est cena funebris, quam alio nomine scriptores <u>exsequium</u> vocant.
proprie silicernium est convivium funebre *(funus)*, quod senibus exhibetur.

silicernium in sepulcro Romano

simpulum —i, n.

est vas parvum, quo vinum in sacrificio libatur.

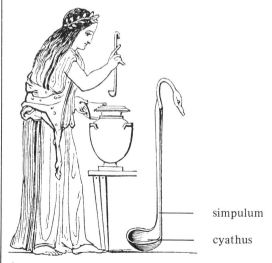

simpulum

cyathus

imago repraesentat sacerdotem, quae simpulo vinum ex amphora haurit.

sinus —us, m.

a) sinus dicitur de curvatura, flexu et cavitate
cuiuscumque rei.
Columella, r. r. 4, 25, 1:
pars falcis (falx), quae flectitur, sinus nominatur.

falx

b) de veste ampla eiusque plicaturis.
Livius, 21, 18:
„tum Romanus sinu e toga facto, hīc, inquit,
vobis bellum et pacem portamus."

c) sinus est in ora maris terra curvata ac rece-
dens, et ipsae terrae circa sinum iacentes.
d) sinus in re mathematica: non nisi nomen
commune habet cum prioribus usibus, nam ex
erronea translatione vocis Arabicae provenit.

Sirenes Sirenum, f. pl., vel Sirenae —arum

Sirenes sunt maris monstra superiore parte vir-
ginis alatae formam habentia, inferiorem volucris.
navigantibus cantu Sirenum deceptis naufragi-
um paratur.
tres Sirenes fuisse dicuntur, Acheloi fluminis
et Calliopes vel Terpsichores vel Melpomenes
Musae filiae.

in imagine Ulixes mālo navis affixus cantum
Sirenum auscultat, remigum autem aures cera
obstructae sunt, ne ab eis decipiantur.

sistrum —i, n.

est *crepitaculum* aeneum, quo Aegyptii sacerdotes in Isidis sacris uti solebant.
sistrum apud Aegyptios vicem tubae *(instrumenta musica)* exhibebat.

sacerdos Isidis,
dextrā sistrum agitans

situla —ae. f,

est vas ad aquam hauriendam, urna, hydria; inferior pars acuta est, ut melius in aquam putei
(puteus) mergatur.
Anthologia Lat. 65. 3 M.:
„extractam puteo situlam cum ponit in horto."
situla et deminutivum sitella dicitur urna, unde
educuntur sortes: in situla aqua plena semper
una sors summa est.

Plautus, Cas. 358/59:
„... adsunt quae imperavisti, omnia:
uxor, sortes, situla, atque egomet..."

situla   sitella

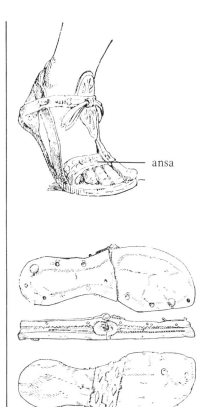

ansa

solea —ae, f.

est genus plani calceamenti, quo solum pedis
tantummodo subtegitur, ansulis in superiore
parte coeuntibus revinctum *(vestimenta)*.
communes erant soleae viris ac feminis, sed viri
eisdem domi, foris calceis utebantur. soleatum
enim prodire aliquem molle erat et indecorum
et turpe.

Lappones soleis oblongis in venationem prodeuntes. imago sumpta ex opere Olai Magni, 1555 conscripto

solium —i, n.

a) est sella regalis, thronus; sella deorum.

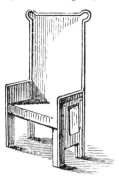

Servius, ad Aen. 1, 506:
„solium proprie est armarium uno ligno factum, in quo reges sedebant propter tutelam corporis sui ...“

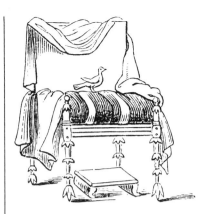

Vergilius, Aen. 10, 116:
„solio tum Iuppiter aureo
surgit ...“
b) solium etiam dicitur de sella concava, labro *(labrum)*, alveo in balineis *(balneum)*.

solstitium —i, n.

est tempus illud, quo sol stare videtur aliquantisper, tum quando signum Cancri ingreditur Iunio mense, tum quando signum Capricorni mense Decembri: illud est solstitium aestivum, quo sol incipit a nobis recedere, hoc solstitium hibernum, quo ad nos accedere. solstitium hibernum etiam bruma (= brevissima sc. dies) nominatur *(zodiacus)*.
aequinoctium, —i, n.
est tempus illud, quo dies et noctes horarum spatio aequales sunt. Duo autem sunt aequinoctia: aequinoctium vernum, circa VIII. Ca-

lendas Apriles et in signo Arietis conficitur; autumnale X. Calendas Octobres in signo Librae.
Varro, L. L. 6, 8:
„cum (sol) venit in medium spatium inter brumam et solstitium, quod dies aequus fit ac nox, aequinoctium dictum.“
Columella, r. r. 11, 2, 31:
cum ab aequinoctio verno in Cancrum sol meat, omnes dies maiores sunt noctibus suis; item ab autumnali aequinoctio usque ad brumam minores dies noctibus dilatatis.

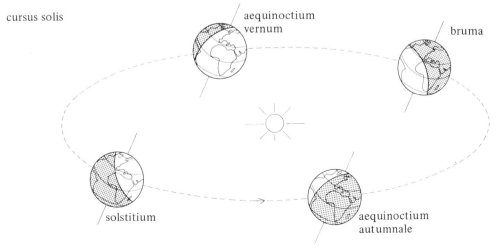

cursus solis — aequinoctium vernum — bruma — solstitium — aequinoctium autumnale

speculum —i, n.

est instrumentum ex vitro, chalybe, argento,
stanno et similibus, in quo imaginem nostram
videmus:
translate: <u>Hieronymus</u>, Ep. 54, 13:
,,speculum mentis est facies, et taciti oculi
mentis fatentur arcana."
<u>Paulus</u>, ad Cor. 1, 13, 12:
,,videmus nunc per speculum in aenigmate;
tunc autem facie ad faciem."

speculum Etruscum
e stanno factum

sphaeristerium —i, n.

est locus pilae lusui destinatus, a Gr. sphairizo =
pilā ludo. erant sphaeristeria cubicula in bai-
neis *(balneum)*, in quibus se tum aliis rebus,
tum pilae *(pila)* ludo exercebant.
titulus Aventici inventus:
TI. CLAUDIUS TI. FIL(IUS) / MATERNUS
AEDILIS SPHAERISTERIUM D(E) S(UO)
D(EDIT)

spica —ae, f.

est acies, cacumen; sed speciatim occurrit et est
collectio plurium granorum in summo culmo
frumenti, hordei et huiusmodi.
<u>Varro</u>, r. r. 48, 1:
,,spica ea, quae mutilata non est, in hordeo et
tritico tria habet continentia, <u>granum</u>, <u>glumam</u>,
<u>aristam</u>: et etiam primitus spica cum oritur,
<u>vaginam</u>."

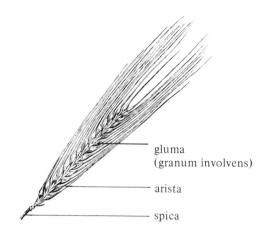

gluma
(granum involvens)

arista

spica

spina —ae, f.

spina generatim est id, quod acutum est, <u>acule-</u>
<u>us</u>.
a) in re anatomica spina est vertebrarum series
in dorso animalium, a collo ad extremum usque os *(os, ossis)*.

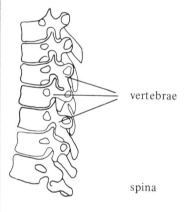

vertebrae

spina

b) spina etiam nominatur medius circi *(circus)*
tractus, ubi *obelisci*, simulacra deorum et alia
huiusmodi erant.

sponda —ae, f.

est exterior lecti *(lectus)* aut grabati tabula aut tigillum, cui adnectuntur restes, quibus culcita sustinetur.
culcita est id, super quod dormientes quiescimus, non id, quo integimur.

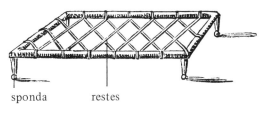

sponda   restes

spongia —ae, f.

spongia est molle corpus, rarum et fistulosum, medium inter animal et plantam, et utriusque naturae particeps. nascitur in marinis petris aliturque conchis, pisce, limo. varius est spongiarum usus: usurpantur tergendis mensis et pavimentis, exhauriendis siccandisque liquoribus; imbibunt enim facile, nec reddunt nisi comprimantur.

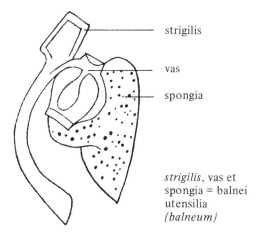

—— strigilis

—— vas

—— spongia

strigilis, vas et spongia = balnei utensilia *(balneum)*

sponsus, sponsa

ptc. verbi spondeo, spopondi, sponsum. verbum usum habet in contractibus, pactis, sponsionibus, stipulationibus, cum quis se daturum quippiam aut facturum pollicetur vel pro altero se obligat.

sponsus et sponsa

sponsa, —ae, f.
est mulier alicui promissa in matrimonium, pacta, sperata et nondum uxor.
sponsus, —i, m.
est qui desponsus est, nondum maritus.
sponsalia, —ium, n. pl.
apud Latinos per stipulationem contrahebantur, id est per interrogationem et promissionem factas inter eum, qui daturus erat aliquam mulierem in uxorem, et inter eum, qui accepturus. in his sponsalibus statuebatur etiam dos, die matrimonii aut tribus pensionibus solvenda.

sporta —ae, f.

sporta est vas, *corbis* simile, e vimine aut iunco aut sparto aliave leviore materia, ad varios usus.
deminutivus: sportula, sportella.
Martialis, 10, 37, 17:
„dum loquor, ecce redit sportā piscator inani.“
sportulae etiam sunt nummorum receptacula.

stabulum −i, n.

est statio, sedes, habitatio, locus, et saepe est locus, ubi iumenta et pecora aliaeque bestiae degunt.

equīle, −is, n. est stabulum equorum, bovīle stabulum boum.

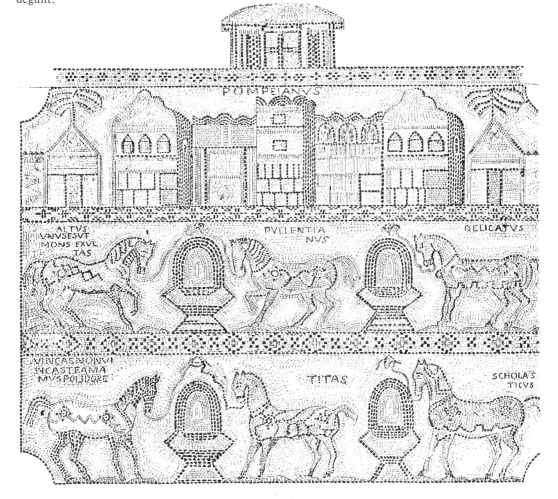

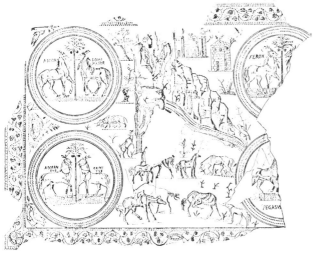

hae duo opera tessellata Africae Septentrionalis e villis rusticis Romanis. primum stabulum equorum (equile) monstrat. equi ante *patenas (praesepia)* stant; nomina eorum indicantur, ut etiam in secunda imagine, ubi stabulum et cohors equorum depicta sunt.

statēra —ae, f.

est instrumentum, quo res sine lancibus ponderatur.
statera differt autem a <u>trutina</u>, ut species a genere. duae enim species trutinae sunt:
a) <u>libra</u>, quae binas habet lances;
b) <u>statera</u>, quae scapo constat punctis distincto, quae pondera discriminant.

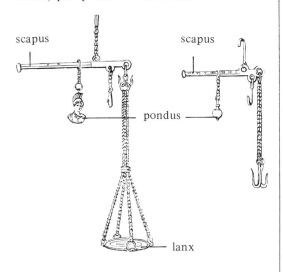

scapus scapus

pondus

lanx

statua —ae, f.

id quod statuitur, quod erectum stat arte elaboratum, speciatim est *signum,* simulacrum, ex aere aliove metallo, e lapide aut ligno, imaginem *(imago)* referens cuiuspiam, honoris et memoriae causā, vel columella, *pīla.*

statua Atlantis umeris
aedificium sustinentis

stillicidium —i, n.

a) stillicidium est umor stillatim cadens et ipse casus umoris stillatim cadentis. saepe dicitur de casu aquae pluviae ex tectis vel ex proiecturis tectorum stillatim defluentis.
b) stillicidia dicuntur etiam loci in tectis, e quibus aqua pluviae stillatim decidit. *(tegula)*

strenae —arum, f. pl.

strena dictum est munus, quod dabatur die festo et fere anni initio, boni ominis gratiā.
(strenae = francogallice ,,les étrennes")

in *lucernā* fictili Victoria votum in annum novum apportat cum strenis. *Ianus* biceps in nummo mensem Ianuarium, initium anni, significat

nummus Commodo imperatori dedicatus. in margine haec leguntur: ,,Felici imperatori Annum novum faustum felicem" (ominor). strenae sunt fructūs, nummi (1) <u>marsuppium</u> (2) plenum aliaque

strigilis —is, f.

strigilis est instrumentum serratum *(tignarius),* curvum, manubrio et canaliculo instructum, quo utebantur praecipue in balneis *(balneum)* ad destringendam cutem, abradendas sordes et sudorem detergendum. *(spongia)*

sublica —ae, f.

est trabs praelonga, humi statuta et erecta ad quippiam sustinendum, pertica, palus. speciatim dicitur de trabibus, quae in alveo fluminis defixae pontem sustinent ut in hoc ponte in Rheno a Caesare facto aut ut in primo ponte Romae in Tiberi facto, qui ideo <u>pons</u> <u>sublicius</u> nominabatur. *(pons)*

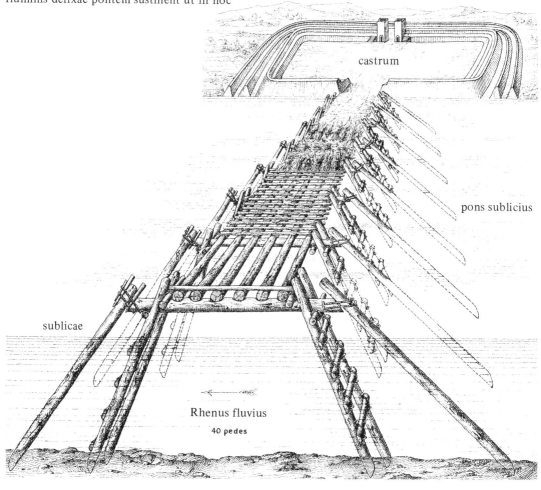

castrum

pons sublicius

sublicae

Rhenus fluvius

40 pedes

suburbium —i, n.

suburbium sunt frequentes extra urbem <u>domus</u> instar vici urbani aedificatae.
adi. <u>suburbanus</u>, —a, —um = sub urbe positus, urbi vicinus.
<u>Cornelius Nepos</u>, Att. 14, 3, de Attico, Ciceronis amico:
„nullos habuit hortos, nullam suburbanam aut maritimam sumptuosam villam, neque in Italia, praeter Arretinum et Nomentanum, rusticum praedium."
Suburbana Italia est ea pars Italiae, quae vicina est Romae.

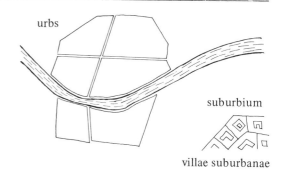

urbs

suburbium

villae suburbanae

sufflamen −inis, n.

est lignum illud vel vinculum, quo per radios rotarum *(rota)* traiecto, vel potius ferreum instrumentum, quo subter rotae unius canthum (canthus) supposito, currūs in declivibus locis nimio impetu ruentes cohibentur.

sufflamen

in prima imagine in villa rustica Helvetica prope Urbam inventā pendet de rhaeda sufflamen ante posteriorem rotam

sulcus −i, m.

sulcus est vestigium aratri *(aratrum)*, fossula in longum vomere impresso ducta.
formulae: sulcos ducere, sulcos agere.
Festus, p. 302, 4 M.:
„sulci appellantur, qua aratrum ducitur vel sationis faciendae causā vel urbis condendae.‟

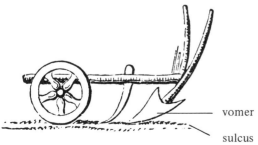

vomer

sulcus

suovetaurilia −ium, n. pl.

sunt sacrificium suis, ovis et tauri, quod usurpabatur in lustrationibus agrorum, populi, exercitus et huiusmodi.

nostra imago suovetaurilia in lustratione exercitūs habita monstrat. dextrā est sus (1), sinistrā aries (ovis) (2) et taurus (3). imperator (4) tus in flammas coniicit. legionarii adstantes *signa* militaria (5) et *vexilla* (6) portant, duo tubā (7) canunt

superficies −ei, f.

est pars superior vel summa alicuius rei aut quidquid super faciem alicuius rei est vel fit vel exstat.

Comenius has partes superficiei terrae distinguit: montes (1), valles (2), colles (3), speluncae (4), campi (5), silvae (6); quibus adiungi potest clivus (7).

a mathematicis superficies dicitur, quae extremitas a Cicerone, magnitudo longa et lata. Macrobius, in somn. Scip. 2, 2, 4 ss:
,,punctum corpus (est) individuum ... hoc protractum efficit lineam, ... hanc lineam si geminaveris, alterum mathematicum corpus efficies, quod duabus dimensionibus aestimatur, longo latoque, sed alto caret: et hoc est, quod apud illos superficies vocatur."

supplicatio —onis, f.

a) supplicatio est supplicandi actus, precatio in universum. (vide imaginem supplicis!)
b) ponitur pro dei adoratione et gratiarum actione pro re aliqua, quae rei publicae prospere evenit. apud Romanos supplicationes dicebantur, quando, re feliciter actā, ex senatus consulto *templa* aperiebantur divorumque simulacra in lectulis collocabantur sacra faciente pontifice et populo certatim ad pulvinaria confluente diisque suis pro eorum in rem publicam meritis supplicante gratiasque agente. *(lectisternium)*
Cicero, Prov. cons. 11, 27:
,,decem dierum supplicatio decreta Cn. Pompeio."

supplex

sutor —oris, m.

est is, qui calceos suit (suo, sui, suere), *(vestimenta)*.
proverbium: ,,sutor, ne supra crepidam", quo monemur, ne, quibus in rebus minus intellegimus, in his sententiam proferamus.

sutrina —ae, f.

est *officina* sutoris.

pluteus   calceus,   armarium
            crepida

in hac imagine Herculani depicta, videmus sutrinam; sutores sunt duo genii alati. in armario calcei (aut crepidae) impositi sunt pluteis.

symbolum / symbolus

a) est *signum, nota,* indicium, ex quo quid cognosci potest.
b) est etiam anulus, quo utebantur Romani ad epistulas et vasa obsignanda et in pignus atque argumentum cuiuspiam rei promissae.

anulus symbolo
instructus

c) est item *imago* ipsa anulo impressa.
Plautus, Pseudolus 55—58:
,,ea causa miles hic reliquit symbolum, expressam in cera ex anulo suam imaginem, ut qui huc afferret eius similem symbolum cum eo simul me mitteret."
d) apud ecclesiasticos scriptores symbolum est regula seu formula eorum, quae credenda sunt ex fide divina, qua fideles ab infidelibus discernuntur.

taberna —ae, f.

a) taberna est aedificium utile ad habitandum, sed speciatim est *casa* humilis et pauper.
<u>Horatius</u>, carm. 1, 4, 13/14:
„pallida mors aequo pulsat pede pauperum
                                    tabernas
regumque turres ...“
b) latiore sensu dicitur de loco, ubi merces vēneunt et ubi *artifices* artem suam profitentur, e. g. taberna libraria, taberna sutrina, taberna vinaria.

tabernaculum —i, n.

tabernaculum est subitarium tectum, frondibus aut stragulis opertum, adversus solis et aeris iniurias: qualia sunt, quae in castris excitantur et modo huc modo illuc transferuntur.
**in ecclesia catholica, tabernaculum est pars altaris, ubi *calices* et ostensoria conduntur.

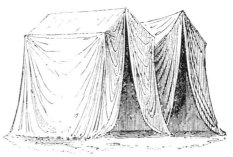

tabula —ae, f.

tabula geographica antiquis temporibus itinera maritima aut terrestria eorumque longitudines indicabat, ut Tabula Peutingeriana hic infra.

Conradus Peutingerius (1465—1547) Augustae Vindelicorum (hodie Augsburg) vixit primusque antiquitates Romanas et Graecas collegit.

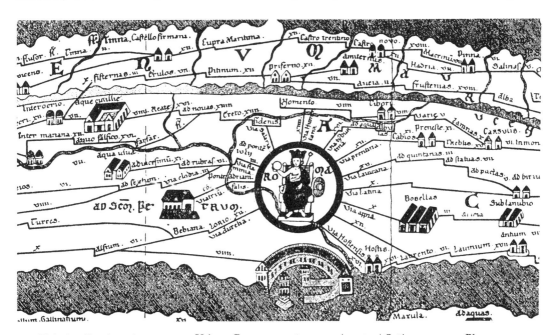

pars Tabulae Peutingerianae, quae Urbem Romam portumque *(portus)* Ostiensem cum Pharo *(pharus)* continet.

taeda —ae, f.

a) taeda est genus arboris picem ferentis, ut pinus, picea.
Plinius, H. N. 16, 52:
„pix liquida in Europa e taedā coquitur navalibus muniendis multosque ad alios usus."
b) taeda est assula taedae facile ardentis.
Valerius Flaccus, 2, 235:
„inicere taedas ad fastigia tectorum."
synonymum: *fax.*

talaria —ium, n. pl.

adi. talaris, —e, ad talum pertinens.
a) talaria sunt partes pedum circa talos *(talus).*
b) talaria sunt calceamenta alata, qualia Mercurio tribuuntur.
Vergilius, Aen. 4, 239ss:
(Mercurius)
„... pedibus talaria nectit,
aurea, quae sublimem alis sive aequora supra
seu terram ... portant ..."

talio —onis, f.

est aequalis retributio, par vindicta, ita ut aliquis tale quid patiatur, quale fecit.
exempli gratia: si quis alteri oculum eruit, ipsi quoque oculus eruatur; hoc autem est:
ius (aut legem) talionis adhibere.

talpa —ae, f.

est animal muri simile, nigri coloris et ex vulgi opinione captum oculis, quod arva et hortos *(hortus)* suffodit.
Cicero, Acad. II, 81:
„quid? talpam num desiderare lumen putas? "
Plinius, H. N. 8, 104:
„Varro auctor est, a cuniculis suffossum in Hispania oppidum, a talpis in Thessalia."

talus —i, m.

a) talus est in homine os in extrema tibia supra calcem. *(calco)*
b) a similitudine est os quasi cubicae figurae in articulo pedis multorum animalium.
his talis antiqui in ludis utebantur, sed homines ditiores, spretis ossibus, talos ex ebore, crystallo aliave nobiliore et pretiosiore materia factos adhibebant. *(astragalus)*

talus vel astragalus

talorum ludus

tectorium —i, n.

est quidquid parieti *(paries)* exstructo vel pavimento *(pavimentum)* inducitur; hinc multiplex est genus tectorii: opus albarium, opus arenatum, opus marmoratum, opus testaceum.
Varro, r. r. 3, 8, 1:
parietes ac *camarae* munitae tectorio.

tegula —ae, f.

est testae *(testa)* aliusve materiae genus, quo
domūs teguntur.
Plautus, Mil.glor. 504:
„quod meas confregisti imbrices et tegulas.“
imbrices rimas tegularum operiunt impediunt-
que, ne imber penetret inter tegulas.

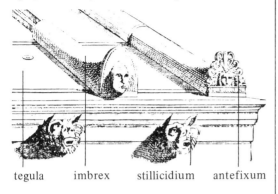

tegula   imbrex   stillicidium   antefixum

temo —onis, m.

temo est lignum longum et extentum in curru
vel aratro *(aratrum)*, cui iugum in anteriore
parte adnectitur.
Ovidius, Met. 2, 107s.:
„aureus axis erat, temo aureus, aurea summae
curvatura rotae ...“

temo

Tellus —uris, f.

est mater terra. de qua Varro primo libro, capite
primo Rerum Rusticarum haec:
„primum invocabo qui omnes fructus agriculturae caelo et terra continent, Iovem et Tellu-
rem; itaque quod ii parentes magni dicuntur,
Iuppiter pater appellatur, Tellus terra mater.“

Tellus = mater terra, opus caelatum in Ara Pacis
Augusti.

tempestas —atis, f.

hac imagine Amos Comenius (1592—1670)
in Orbe Sensualium Picto tempestates describit:
„ex aqua ascendit vapor (1), inde fit nubes (2)
et prope terram nebula (3). e nube guttatim
stillat pluvia et imber (4). pluvia gelata grando
(5), semigelata nix (6) est. in nube pluvlosa,
soli opposita, apparet Iris (7).
gutta incidens in aquam, facit bullam (8), multae bullae faciunt spumam (9).
aqua congelata glacies (10), ros congelatus
pruina dicitur. ex vapore sulphureo fit tonitru,
quod, erumpens e nube cum fulgure (11) tonat
et fulgurat.“
vapor, —oris, m.; nubes, —is, f.; imber, —bris,
m.; grando, —inis, f.; nix, nivis, f.; iris, —idis, f.;
glacies, —ei, f.; tonitru, —truis, n.; fulgur, —uris, n.

templum −i, n.

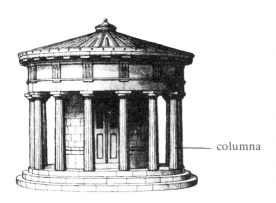

aedis rotunda (tholus) prope Delphos

columna

a) templum est sectio, segmentum alicuius rei,
vel circuitus rei a toto resectus ac definitus,
vel spatium aliquod certum, praecipue auguriis designatum et sacrum *(augurium)*.
Isidorus, orig. 15, 4, 7:
„(templi) partes quattuor erant, antica ad ortum,
postica ad occasum, sinistra ad septentrionem,
dextra ad meridiem spectans; unde et quando
templum construebant, orientem spectabant
aequinoctialem (aequinoctium), ita ut lineae ab
ortu ad occidentem missae, fierent partes caeli
dextra atque sinistra aequales, ut qui consule-
ret ac deprecaretur, rectum aspiceret orientem.“
(regiones caeli)

formae templorum:

templum in antis

prostylos

templum in antis duplex

amphiprostylos

343

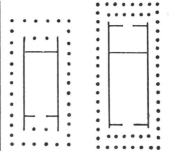

peripteros

ita templum est spatium, quod certo carmine
ab augure *(augur)* lituo *(lituus)* finitum et nota-
tum consecratumque esset, unde in omnes caeli
partes liber erat aspectus.
b) „templum“ saepe etiam dicitur de aedibus,
quae deis consecratae erant.

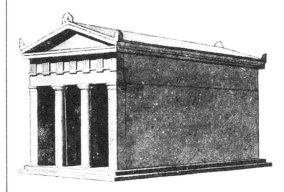

templum in antis, thesaurus Megarensium, Olympiae

amphiprostylos, templum Victoriae (= Nices) Atheni

344

tensa —ae, f.

est vehiculum, quo exuviae deorum ludicris circensibus in circum *(circus)* ad *pulvinar* vehun-tur. tensa est vehiculum, quo deorum *signa* atque exuviae in pompa transferuntur.

tentorium —i, n.

est *velum* funibus (funis) tensum, *papilio* extensis velis contra solem caelique iniurias excitatus; quo milites praecipue in expeditionibus uti solent. (cui opponitur *tabernaculum*, quod ligneum erat.)

in nostra imagine e manuscripto Iliadis sumptā milites ante tentoria cubant cibumque sumunt

terebra —ae, f.

est instrumentum, quo quid, praesertim lignum, perforatur.
<u>verbum</u>: terebro, —are.

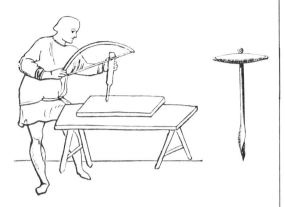

***terra sigillata —ae, f.

sigillo 1. est signo instruere, munire. sigillatus, —a, —um, est sigillis seu imaginibus ornatus. *(signum)*
<u>Cicero</u>, Verr. 4, 14, 32:
,,iubet me scyphos sigillatos ad praetorem statim afferre.''
saepe putealia (<u>puteal</u>) etiam sigillata sunt. multa vasa e terra sigillata facta sunt, ex. gratia *lucernae,* ut figura demonstrat.

tessera —ae, f.

est id, quod figurā quadratum est, sive naturā ita factum, sive ut plurimum, arte, constans sex lateribus.
tribus dimensionibus impletis fit corpus solidum, qualis est tessera, quae <u>cubus</u> vocatur.
a) tesserae, dem. tesserulae, vel tessellae, e quibus <u>opus tessellatum</u> perficitur in pavimentis *(pavimentum)* aedificiorum.

b) <u>tesserae lusoriae</u> sunt cubi ossei vel lignei punctis distincti, quibus in alveolum iactis luditur.

tessera lusoria *(cubus)*

c) <u>tessera hospitalis</u> est *symbolum* amicitiae vel coniunctionis.

d) <u>tessera frumentaria</u> indicat numerum congiorum *(congius)*, quem quisque in congiario *(congiarium)* recipit.

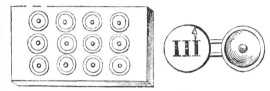

e) ***hodie tesserae tramitis, theatri, vestiarii aliarumque rerum in usu sunt.

testa —ae, f.

est <u>terra</u> vel <u>argilla cocta</u> vel aliquid ex terra cocta in formam aliquam compositum: hinc est nomen generale cuiuscumque vasis fictilis cocti, ut vasa escaria et vinaria, *lucernae,* urceoli, calices *(calix)*, etc.
proverbium apud <u>Horatium</u>, ep. 1, 2, 69/70:
,,quo semel est imbuta recens, servabit odorem testa diu ...''
translate etiam dicebatur de <u>cranio</u>, hinc ,,testa'' Italorum, ,,tête'' Francogallicorum.

testa

testudo —inis, f.

a) testudo est animal ex genere amphibiorum, testā contectum, quadrupes, tardigradum, capite brevi, cervice anguinā.

b) testudo dicitur etiam de instrumento musico, in quo fides extenduntur, cithara, barbiton et alia. *(instrumenta musica)*
c) in re militari testudo est, cum conglobati milites et scuta scutis arcte iungentes, invicem se protegunt et ingruentia tela defendunt.

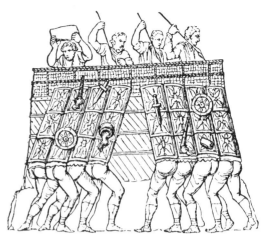

testudo militaris

textor —oris, m. / textrix, —icis, f.

textor est is, qui pannos texit. texere est filum filo conserendo telam conficere.
textum, —i, n. est vestis texta, pannus et quodcumque opus textum.

textus, —ūs, m. est ratio texendi, textura. translate refertur ad contextum orationis.
Ammianus, 15, 7, 6:
„(rem) brevi textu percurram.“

radius

theatrum —i, n.

est aedificium semicirculi specie ad spectandos ludos scaenicos factum. primo stantes aderant spectaculis, crescente luxu theatra facta sunt, ut a sedentibus spectaretur. primo lignea fuerunt et temporaria, quae peractis ludis solverentur; postea ex lapide structo et mansura. in his erant scaena, ubi actores agebant; orchestra, ubi edebantur saltationes, gradūs (cuneatim divisi) in *cavea,* ubi sedebant spectatores. *(cuneus, amphitheatrum)*

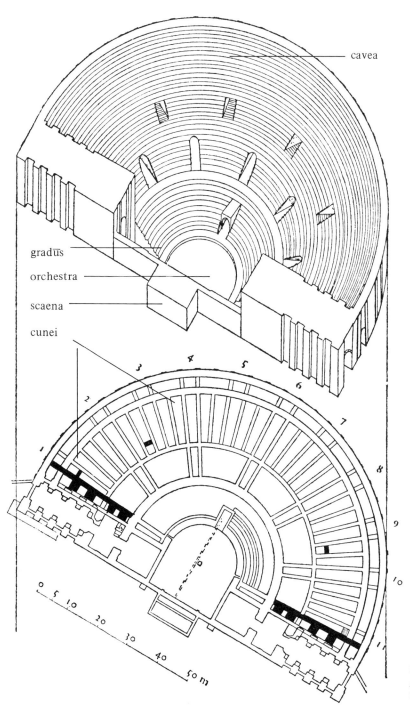

cavea

gradūs

orchestra

scaena

cunei

imago theatrum Aventici inventum monstrat

thermopolium —i, n.

est *caupona*, ubi calida venduntur.
Plautus, Trinummus, 1013/14:
„satin in thermopolio
condalium es oblitus, postquam
　　　　　　　thermopotasti gutturem? "

thyrsus —i, m.

est hasta aculeata, hederis et pampinis obtecta,
quam Bacchus gestare solitus fuit et Bacchae in
orgiis quatiebant.

tiara —ae, f. (vel tiaras, —ae, f.)

tiara est ornamentum capitis. erat in usu apud
Persas, quorum reges soli recta tiara et cum
apice utebantur. etiam apud Phrygas fuit eius
usus, sed sacerdotibus praecipue et regibus.

tiara recta

tibicen —inis, m. (tibicina, —ae, f.)

tibicen est is, qui tibiā canit.
Cicero, de orat. 2, 83, 338:
„tibicen sine tibiis canere (non potest)."
tibia, —ae, f.
a) tibia est *os* cruris exterius.
b) tibia dicitur instrumentum musicum, teres
et foraminosum, ex arundine aut buxo aliove
ligno, vel ex cruribus gruum, cervorum aut
asinorum, interdum ex ebore, aere aliave materia
ductili. *(instrumenta musica)*

tibicen

tibicina

tignarius −i. m.

faber tignarius tigna dolat, in asseres et tabulas secat et domorum tecta et contignationes facit. *(contignatio)*

serra   scalprum   runcĭna

officina tignarii

discus vitreus ornamentis inauratis praeditus

tinctor −oris, m.

nomen actoris, derivatum a verbo tingere (tinxi, tinctum).
tinctorium dicitur de loco, ubi vestes tinguntur.
actio tinctoris est tinctura, i. e. infectio, inductio coloris.

imago repraesentat *titulum* sepulcralem cuiusdam tinctoris, varia utensilia ostendentem, ut spatham (1), ampullas colorum (2), libram (3), lanae glomera (4)

tintinnabulum −i, n.

est instrumentum e metallo (ex aere, stanno, argento aut plumbo) factum, quod percussum tinnītum edit.

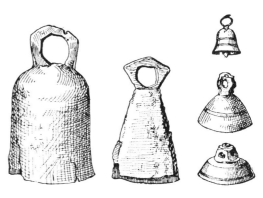

titulus −i, m.

est inscriptio, *nota, index,* elogium, quo res dignoscitur, et quid valeat, contineat, cuius sit, cur facta sit, monstratur, ut titulus sepulcri, aedium, libri, statuae, picturae et huiusmodi; exempli gratia titulus, qui in ecclesiā Wettingen, prope Aquas, parieti *(paries)* infixus est:
DEAE ISIDI TEMPLUM A SOLO
L. ANNUSIUS MAGIANUS
DE SUO POSUIT VIK (anis) AQUENSIB (us)
AD CUIUS TEMPLI ORNAMENTA
ALPINIA ALPINULA CONIUNX
ET PEREGRINA FIL (ia) (denarios) C DEDE-
RUNT L (ocus) D (atus) D (ecreto) VICANORUM.

torculum −i, n.

vel torcular, −aris, n.
est locus, ubi prelum est et prelum ipsum. *(pressorium)*
vinea, −ae, f. est locus, vitibus consitus vel multitudo vitium simul consitarum = vinetum.
interdum vinea dicitur pro una vite,
Phaedrus, 4, 3:
,,vulpes alta in vinea
uvam appetebat summis saliens viribus.‘‘
uva est fructus vitis.
Varro, r. r. 1, 54, 1:
,,in vinetis uva cum erit matura, vindemiam ita fieri oportet, ut videas, a quo genere uvarum... incipias legere.‘‘
Tibullus, 2, 1, 45:
,,aurea tunc pressos pedibus dedit uva liquores.‘‘

torculum depictum in vase Graeco: Satyri, Bacchi
servitores, uvas pedibus in torculo premunt.

torus —i, m.

a) torus est funiculus tortus, qui duplicatus aut
triplicatus funem facit.

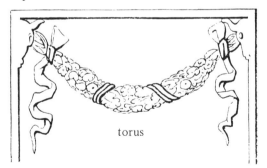

torus

b) in architectura, torus est membrum turgens,
rotundum et oblongum instar funis.

tori in basi
columnae

c) item dicitur de venis tumentibus.

d) translate torus est culcita, quae lecto *(lectus)*
imponitur sive discubitorio sive funebri sive
cenatorio, sic dicta a rotunditate pulvinorum,
quibus discumbentes incumbebant.
Vergilius, Aen. 2, 2:
„inde toro pater Aeneas sīc orsus ab alto.“

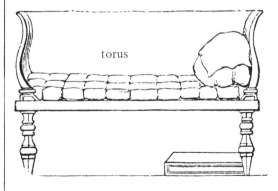

torus

traha —ae, f. vel trahea, —ae, f.

traha est genus vehiculi sine rotis *(rota)*, quo
rustici utebantur et quo per nivem vehuntur.

etiam est machina, qua *navis* e mari in siccum trahitur.

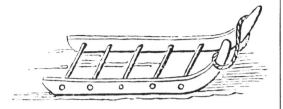

transenna —ae, f.

transenna significat opus cancellatum seu reticulatum.
a) est *rete* ex funiculis cancellatis factum ad struendas avibus insidias.
b) etiam *crates* seu cancelli ferrei vel lignei vel viminei, qui fenestris aut etiam mercibus oppositi visui pervii sunt.
formula dicendi: ,,per transennam aspicere aliquid" = non propius neque singillatim, sed procul, obiter et summatim inspicere.

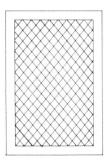

triclinium —i, n.

tres lecti *(lectus)* tricliniares modo soleae *(solea)* ferreae circum mensam positi, in quibus novem convivales accumbebant. sinistro cubito nixi dextra manu cibos sumebant de mensa. *(corpus humanum, domus Romana)*

tridens —entis, m.

est instrumentum tribus dentibus vel cuspidibus munitum (est ,,<u>tricuspis</u>", ,,<u>trifidus</u>").
dicitur etiam de ferro piscatorio, hastae praefixo, quo maiores pisces transfiguntur (= <u>fuscina</u>).
tridens *symbolum,* attributum est dei Neptuni.
tridens fuit telum gladiatoris *retiarii.*

**triforium —i, n.

adi. triforis, h. e. tres fores ostentans.
triforium est *porticus,* quae totum aedis sacrae aedificium ambit, eo fine ducta, ut transitum praebeat locum circumire vel lustrare volentibus, in ipso aedis muro, supra inferiorum columnarum (<u>columna</u>) et arcuum *(arcus)* ordinem.

1 triforium in interiore ecclesia cathedrali Basiliensi
2 ordo inferiorum arcuum

Triptolemus —i, m.

Atheniensis, filius Celei, regis Eleusinis.
is primus in Graecia agriculturae rationem
creditur invenisse. de eo haec fabulantur: cum
eius pater Cererem, filiam quaerentem, libera-
lissime hospitio suscepisset, illa pro remunera-
tione ostendit ei omne genus agriculturae,
filium etiam eius Triptolemum recens natum,
per noctem igne fovit, divino lacte nutrivit et
eum alatis serpentibus superpositum, per
totum orbem misit ad usum frumentorum
hominibus indicandum.

in imagine sinistrā est Ceres, dextrā Proserpina. ambae deae facem (1) mysteriorum tenent, Ceres
Triptolemusque manipulum (2) spicarum portant. *(fax, manipulus, spica)* (3) serpens alatus.

tripus —odis, m.

tripus est, qui tres pedes habet vel fulcra, quibus sustinetur, ut vas, sella et huiusmodi. *(cortina)*

Pythia in tripode sedens, de qua Lucretius 1, 739:
„Pythia quae tripode a Phoebi lauroque profatur."

Triton —onis, m.

Triton est semideus marinus, filius Neptuni et Salaciae nymphae marinae, quem poetae fingunt Neptuni tubicinem esse eiusque tubam (tuba) etiam latissime longissimeque sonantem. Triton hominis atque piscis formam habet volatque supra mare curru equis caeruleis recto; saepe etiam sub forma centauri natantis apparet. conchā marinā canere solet. in dorso Tritonum saepe Nereides, semideae marinae, filiae Nerei, dei maris, per mare vehuntur, animas heroum mortuorum ad campos Elysios in ultimo Oceano sitos, comitantur, itaque saepe in sarcophagis *(sarcophagus)* Romanis imago clipeata *(clipeus)* mortui inter Tritones Nereidesque sita invenitur.

Tritones Nereidesque

trivium —i, n.

trivium est locus in quem tres viae conveniunt, ut bivium, in quem duae, *quadrivium* in quem quattuor. *(compitum)*

trivia et quadrivia erant rusticorum sacris attributa, nam ibi oves caedebant et serta appendebant.

**trivium nominantur tres primae artes artium liberalium, nempe grammatica, rhetorica, dialectica. *(artes liberales)*.

trochus —i. m.

est circulus seu *rota* ferrea, quae ludi causā a pueris ferreo manubrio, quod *clavis* dicebatur, impulsa mittebatur. habebat saepe circum infixos parvos anulos, qui dum iaceretur, tinnitum et sonum reddebant. trochus differt a turbine, quia *turbo* erat ligneus, sed non circularis, at in modum metae factus.

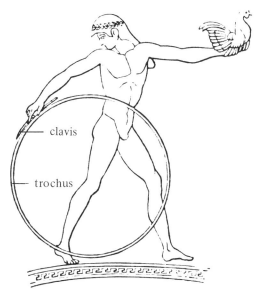

Ganymedes trochum clave impellens

troia vel trua

vel <u>Troianus ludus</u>, erat equestris ludus puerorum apud Romanos, qui cursu labyrinthico
constabat. ludus Troianus a <u>Vergilio</u> in Aeneide
5, 583 ss. describitur, ubi equites
„alternos ... orbibus orbes
impediunt.“
(labyrinthus)

in vase Etrusco (Tragliatella) duo equites e laby-
rintho, qui „truia“ appellatur, egrediuntur

trua —ae, f. demin. trulla

trua est vasis genus planum, foraminibus instructum ad spumam adimendam vel miscendum
extrahendumve aliquid ex aquis.

turbo —inis, m.

puella Attica
turbinem agitans
scuticā. imago
vasis Graeci

turbo dicitur quidquid in *gyrum* vertitur, circumagitur.
a) speciatim est ventus vorticosus et validissi-
mus, qui obvia quaeque prosternit, et ipse
vertex, quem ventus efficit.
<u>Seneca</u>, quaest. nat. 5, 13, 3:
„ventus circumactus et eundem circumambiens
locum et se ipsa vertigine concitans, turbo est.“
b) genus instrumenti lusorii, nempe lignum
formā metae inversae, ima sui parte in acutum
desinens, in summo latius, quod a pueris <u>scuticā</u>
vel *clave* circumagitur.

turris —is, abl. turri, acc. turrim, f.

turris est aedificium in magnam altitudinem
protensum, alta moles.
turris aequa cum muro est urbis *propugnaculum.*
turris vocatur etiam machina bellica, aedificium
ligneum, in magnam altitudinem erectum su-
biectisque rotis huc illuc mobile.
<u>adi.</u> <u>turrītus</u>: turribus instructus.

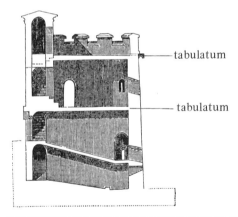

— tabulatum

— tabulatum

turres in moenibus Pompeianis

tympanum −i, n.

est triangulum sub fastigio *(fastigium)* templi, statuis vel opere caelato exornatum.

tympanum templi Athenae antiqui

tympanum supra porticum ecclesiae cuiusdam Medii Aevi, maiestatem Domini cum quattuor symbolis evangelistarum perhibens. (maiestas domini,*symbolum)*

typus −i, m.

(Gr.) *nota, signum,* forma percutiendo seu pulsando impressa, ut vestigium humi pede impressum.
typus etiam idem est quod ectypum: opus caelatum.
**typus apud scriptores ecclesiasticos: typi dicuntur figurae rerum seu personarum, quae in Novo Testamento futurae erant.
Ambrosius, 3 de David 11, n. 89:
„ille (Melchisedech) in typo, hic (Christus) in veritate: typus autem est umbra veritatis."
***a temporibus Gutenbergi typis aeneis libri, acta diurna aliaque imprimuntur: ars typographica vel *typographia.*

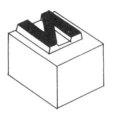

typus aeneus

***typographia −ae, f.

ars impressoria a Iohanne Gutenberg circiter anno 1440 Maguntiae inventa est. typos aeneos

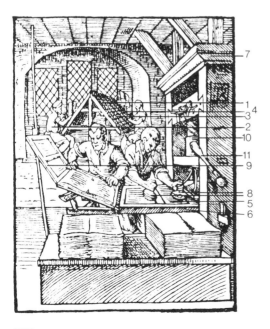

mobiles excogitavit, quos typotheta in verba composuit. post impressionem iidem typi aenei iterum in alia verba componebantur. His fere verbis Iohannes Amos Comenius in suo libro „Orbis Sensualium Pictus" denominato opus typographicum describit (xylographia XVI. saeculi officinam typographi illustrans):

„typographus habet aeneos typos magno numero distributos per loculamenta (1), typotheta (2) eximit illos singulatim et componit [secundum exemplar, quod retinaculo (3) sibi praefixum habet] verba gnomone (4) donec fiat versus; hos indit formae (5) donec fiat pagina eosque coartat marginibus ferreis (6) ne dilabantur; ac subicit prelo (7). tum impressor ope pilarum (8) illinit atramento impressorio, superimponit inditas operculo (9) chartas, subditas trochleae (10) suculā (11) impressas facit typos imbibere."

1) loculamenta 2) typotheta 3) retinaculum
4) gnomon 5) forma 6) margo ferreus
7) prelum 8) pilae 9) operculum 10) trochlea
11) sucula

umbilīcus −i, m.

a) est regio media alvi et <u>abdominis</u>, cavitate quadam praedita, vestigia servans vasorum, per quae <u>fetus</u>, dum est in <u>utero</u> matris, nutritur.
b) a similitudine umbilicus dicitur media pars cuiusque rei, ex. gr. locus terrae:
<u>Cicero</u>, Verr. 4, 48, 106:
,,qui locus, quod in media est insula situs, umbilicus Siciliae nominatur.''
etiam Delphi umbilicus terrae dicuntur.

umbilicus Delphorum

umbo −onis, m.

a) umbo est quidquid in plano rotundā aut <u>coni</u> figurā exstat ac prominet; speciatim dicitur sic media pars clipei eminentior.
b) umbo et ipse *clipeus* nominatur.

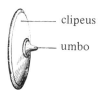

— clipeus

— umbo

c) latiore sensu a similitudine, umbo dicitur quidquid prominet et protenditur ac aliquid protegit, ut <u>lapides</u> in margine crepidinis.
(crepido)

umbones in margine viae

umbraculum −i, n.

a) est locus, in quo est umbra, locus compositus et tectus frondibus aut alia re quacumque ad umbram praebendam, *tabernaculum velum-ve umbrae causā erectum*.
b) sumitur quoque pro <u>umbrella</u>, qua tegitur facies ad solis calores arcendos.

unguentum −i, n.

est omnis sucus pinguis, quo unguimur deliciarum et luxūs causā.
<u>Plautus</u>, Mostellaria 41:
,,non omnes possunt olēre unguenta exotica.''
<u>unguentarius</u>, −i, m.
est homo, qui unguenta conficit et vendit.
<u>Seneca</u>, quaest. nat. 4b 13, 8:
,,unguentarios Lacedaemonii urbe expulerunt et propere cedere finibus suis iusserunt, quia oleum disperderent.''
<u>unguentarium</u> (sc. vas)
e vitro aut alabastro factum

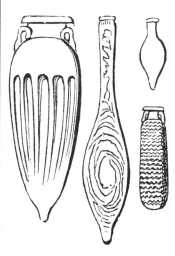

vasa unguentaria

urceus —i, m.

est vas ansatum, plerumque fictile ad varios
usus et praecipue ad ministrandam aquam.
(ansa).
adverbium: urceatim:
Petronius, sat. 44, 18:
„Iovem aquam exorabant, itaque statim
urceatim pluebat.“

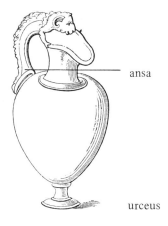

ansa

urceus

urna —ae, f.

est vas, quo aqua e puteis *(puteus)* fluminibus-
que haurītur.
ansulis instructum erat, ut pro more umeris
vel capite gestaretur.

utensilia —ium, n. pl.

dicuntur quaecumque usui nostro sunt neces-
saria.
Columella, r. r. 12, praef. 3:
„utensilia, quibus aut alitur hominum genus
aut etiam excolitur.“

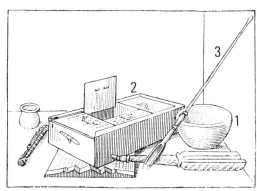

in imagine depicta sunt utensilia *pictoris:*
mortarium (1), in quo colores teruntur, scrinium colorum (2), penicilli (3)

uter —tris, m.

est pellis, qua vinum aut oleum aut alia quae-
piam similis res deferri solet.
Petronius, sat. 34, 4:
„intraverunt duo Aethiopes capillati cum
pusillis utribus, quales solent esse qui harenam
in amphitheatro *(amphitheatrum)* spargunt,
vinumque dedere in manus ...“
utre uncto in lusu utebantur:
Vergilius, Georg. 2, 384:
„mollibus in pratis unctos saliere per utres.“
(vide imaginem!)
frequens fuit apud veteres utrium usus ad flumina trananda.
utrarii sunt qui exercitum sequentes aquam
utribus ministrant.

satyri utre
uncto ludentes

utopia —ae. f:

est urbs „nullius loci", quae nullum locum habet (Graece: u topon echei = non habet locum) i. e. quae nusquam terrarum est. hoc nomine <u>Thomas Morus</u>, scriptor Anglicus - Latinus, rem publicam optimis moribus atque institutis instructam appellavit, qua optimum civitatis statum nusquam perfectum monstraret.

**exinde omnia, quae solum ideis, nondum operā perfecta sunt, „utopiae" nominantur.

𝕷ibellus vere aureus nec

MINVS SALVTARIS QVAM FESTI‑
uus de optimo reip. ſtatu, deq; noua Inſula Vtopia
authore clariſſimo viro Thoma Moro inclytæ
ciuitatis Londinenſis ciue & viccecomite cu‑
ra M. Petri Aegidii Antuerpiéſis, & arte
Theodorici Martini Aluſtenſis, Ty
pographi almæ Louanienſium
Academiæ nunc primum
accuratiſſime edi
tus, ⁖.

utricularius —i, m.

a) utricularius est qui utriculos seu utres inflatos ratibus ita subiiciebat, ut iisdem flumina transnare possent. horum opificum collegium in quibusdam urbibus ad flumen aliquod sitis habebatur. ideoque saepe utricularii cum nautis coniunguntur. *(uter)*
b) utricularius est etiam qui canit tibiis parvo utri infixis, eum subinde inflando (= <u>ascaules</u>). *(instrumenta musica).*

utricularius

vadum −i, n.

est locus in mari aut flumine, ubi aqua brevis est
et pedibus transiri potest.
Caesar, B. G. 1, 6, 2:
„Rhodanus ... nonnullis locis vado transitur.“
translate: in vado esse = in tuto esse.
res est in vado salutis = res iam salva est.

vates −is, m.

est sacerdos (m. et f.) dei voluntatem hominibus nuntians.
saepe etiam poeta a deo instinctus vates
vocatur.
verbum: vaticinor, −ari.
subst. verbale: vaticinatio.
proverb.: „vaticinium ex eventu“, est vaticinatio
falsa, quae post eventum profertur.

tripus   laurus

imago e vase Graeco, hodie deperdito (e coll.
Hamilton) deum Apollinem in tripode *(tripus)*
vaticinantem monstrat, manu sinistrā arcum,
manu dextrā patellam tenentem

vellus aureum

vellus, −eris, n.
a) lana ex ove dempta et conglobata.
b) de ipsis lanatis ovium pellibus; vellus aureum
est vellus eius arietis, qui Phrixum *(Phrixus)* et
Hellen supra mare portavit.
Argonautae *(Argo)* duce Iasone vellus aureum
a dracone custoditum in Colchide quaerebant.
c) **ordo velleris aurei erat ordo equitum a
ducibus Burgundionum instauratus.

ordo Velleris Aurei

velum −i, n.

a) est linteum in mālo *navis,* quod expansum
ventos excipit et navem impellit.
b) est linteum, pannus, aulaeum ad quidpiam
tegendum, exempli gratia velum theatri umbram
spectatoribus praebens.

velum in amphitheatro Pompeiano

venatio −onis, f.

est ferarum persecutio; a verbo „venari 1“.
venator est qui bestias feras sagitta, pilo,
funda aut etiam *fovea* aut retibus *(rete)* perse-
quitur. dea venatrix apud Romanos erat Diana.

Hercules fundā aves Stymphalias venatur in vase Graeco picto

ventus −i, m.

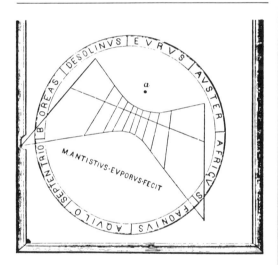

est aeris concitati motus, fluctus aeris impetuosior.

imago nostra *horologium* solare Aquileiae inventum monstrat, ubi octo venti distinguuntur: Eurus, Auster, Africus, Favonius, Aquilo, Septentrio, Boreas, Desolinus.

formulae: „ventis dare vela".

ventus secundus et ferens est ventus, qui cum cursu nostro flat, ventus adversus, qui contra nos flat. hinc: res secundae, res adversae.

ventus secundus   ventus adversus

vertex −icis, m. (vel vortex, −icis m.)

vertex est universim id, quod vertitur, itemque id, circa quod aliquid vertitur.
Quintilianus, 8, 2, 7:
„ut vertex est contorta in se aqua *(gurges)* vel quidquid aliud similiter vertitur: inde propter flexum capillorum, pars est summa capitis: et ex hoc, id, quod in montibus eminentissimum."
vertex:
a) contorta in se aqua.
b) flexus capillorum in summo capite = summum caput.
c) summus mons.

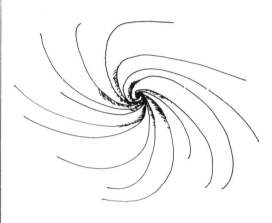

veru −us, n.

veru est instrumentum ferreum aut ligneum oblongum cuspidatum, cui infinguntur carnes igni torrendae. *(crates)*

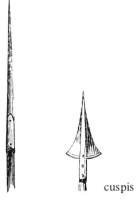

cuspis

Vesta, Lares, Penates

Lares (lar, −aris, m.) erant vicorum atque itinerum dei et tectorum domuumque custodes. (Arnobius, 3, 41).
et Penates dei tutelares domus sunt.
Lares tamquam feles semper eodem loco manent, Penates cum hominibus coniuncti sunt ut canes, qui dominum sequuntur.
Vesta dea focum domus repraesentat.
Penates homines comitantur cum e terra sua emigrant.

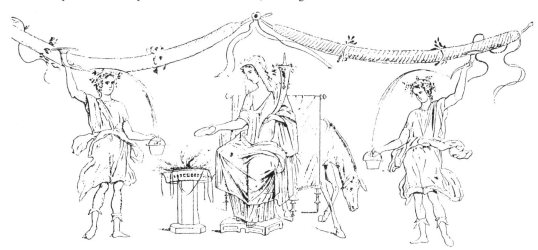

in imagine Pompeiis reperta videmus deam Vestam in solio sedentem. dextra manu pateram tenet, sinistra cornu plenitudinis (cornu copiae). post eam est asinus, bestia Vestae attributa. Iuvenes caput frondibus coronati Lares sunt. e cornibus aquam aut vinum in vas fundunt. in aliis imaginibus saepe circum Vestam saltant.

Vestalis −is, f.

Vesta est dea foci; forma eius templi est circularis. erat ibi ignis, qui perpetuo servabatur a virginibus Vestalibus. Vestales virgines institutae sunt a rege Numa, quattuor numero; postea numerus earum auctus est. votum virginitatis strictissime eis servandum erat. privilegiis atque honoribus donabantur. cum enim exibant, lictor praecedebat cum securi fascibusque *(miles Romanus).*

templum rotundum Vestae (reconstr.) quod dicitur

vestiarius −i, m.

est mercator pannorum vestiumque ut opus caelatum monstrat, quod officinam aut tabernam vestiarii repraesentat.

vestiarium, −i, n.
est locus, ubi vestes aliaeque res reponuntur.
(officina, taberna)

vestibulum −i, n.

est locus ante aedium ianuam, inter aedes ipsas et viam relictus, eum in usum, ut qui aedium dominum salutatum venissent, neque in via

starent neque in ipsius essent aedibus.
(domus Romana)

vestimenta Romana

vestimenta virorum

vestimenta mulierum

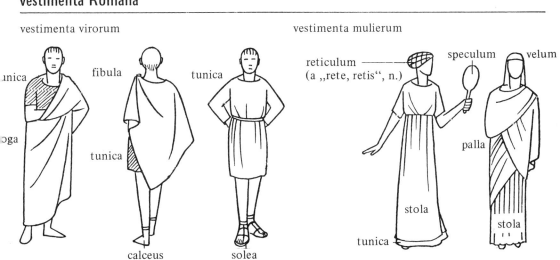

tunica   fibula   tunica

toga

tunica

calceus   solea

reticulum ———— speculum   velum
(a „rete, retis", n.)

palla

stola

stola

tunica

vexillum —i, n.

est *signum,* praecipue in usu militum. „vexillum" ponitur interdum pro manu militum sub uno vexillo.

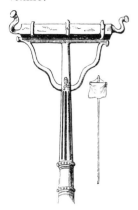

via —ae, f.

est quivis locus, qua vehiculo seu pedibus seu alia quacumque ratione ire licet. aliae viae ab auctoribus appellatae sunt, ut via Appia ab Appio Claudio Caeco censore, aliae ab urbibus, ad quas ferebant, ut via Collatina, aliae a provinciis, ut Campana aut Latina, aliae a diversis eventibus, ut via Triumphalis, etc.

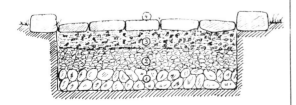

1 statumen   3 nucleus
2 rudus   4 pavimentum (stratum)

viae publicae a Romanis admirabili magnificentia non in Urbe solum, sed etiam tota Italia factae et stratae fuerunt; creati sunt (post aediles) proprii magistratus, qui „viarum curandarum" et „curatores viarum" vocabantur. in viis constitutae fuerunt columnae lapideae, quae singulis intervallis positae signum miliariorum *(miliarium)* prae se ferebant. viae silicibus *(silex)* planis stratae erant, e quo Germanice „Strasse", Anglice „street", Italiane „strada".

Via Appia

Via Appia anno 312 ante Ch. natum a censore Appio Claudio Caeco strata est. via praecipua Romā Capuam duxit, postea usque ad Brundisium extenta est. ante urbem Romam praeter viam Appiam sepulcra magnorum virorum erecta sunt, quae etiam hodie partim exstant.

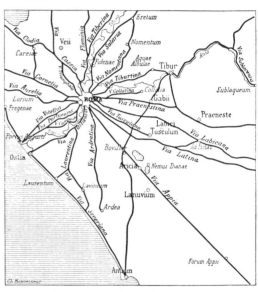

nomina viarum quae Romae incipiunt

viator —oris, m.

est qui iter facit.
viator etiam est minister publicus: viatoribus utebantur magistratus ii, qui potestatem, non imperium, habebant, cuiusmodi fuerunt censores et tribuni plebis; at viatoribus et lictoribus *(lictor)* simul, qui imperium habebant, ut consul, dictator, proconsul in provincia.

viator cum *cuculla*
e fonte *(fons)*
aquam hauriens.

vigiliae militares quattuor erant, prima, secunda,
tertia, quarta. singulae tribus horis constabant.
noctes in duodecim horas dividebantur, quae
aestivo tempore breviores, hiemali tempore
autem longiores erant.
Hieronymus, ep. 140, n. 8, 2:
„nox in quattuor vigilias dividitur, quae singulae
trium horarum spatio supputantur ...“

imago vigiliae militaris ex Aeneide Vaticanā
sumpta.

vigiles, vigiliae

vigil (−is) est is, qui vigilat, qui non dormit.
vigiles sunt excubitores nocturnique custodes.
vigilia, −ae, f. est vigilatio, insomnia. in re
militari vigilia dicitur, quae fit a militibus custo-
diendi causā.

villa rustica

et res, quae simul cum vocabulis Latinis a
Germanis receptae sunt:

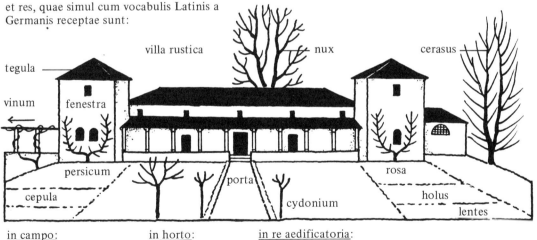

in campo:		in horto:	in re aedificatoria:		
arbor	fructus				
cerasus, f.	cerasum	vinum, vindemia,	calx, −cis, f.	mortarium, −i, n.	murus, −i, m.
cydonia, f.	cydonium	rosa, persicum,	tegula, −ae, f.	fenestra, −ae, f.	porta, −ae, f.
buxus, f.		lens, lentis, f.	spicarium, −i, n.	coquina, −ae, f.	caminus, −i, m.
prunus, f.	prunum	holus, −eris, n.	cellarium, −i, n.	solarium, −i, n.	camera, −ae, f.
nux, f.	nux, −cis, f.	cepa, cepula	vallum, −i, n.	pilare, −ris, n.	

Aliquot res sine nominibus Latinis in Germaniam introductae sunt a Romanis, ut lycopersicum, faba,
pisum.

vitta —ae, f.

a) vitta est ligamentum, fascia, cingulum, quo antiqui aliquid religabant.

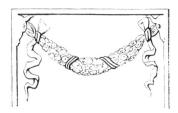

b) vitta est fascia, qua *arae* ornabantur et hostiae.
c) vitta est ligamentum capitis, quo antiqui crines cingebant colligebantque, et quod etiam adhibebatur in sacris.

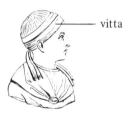

—— vitta

vomitorium —i, n.

in theatris *(theatrum)* et amphitheatris *(amphitheatrum)* erat ostium seu aditus, per quem populus ab internis porticibus *(porticus)* et scalis *(scala)* exibat in gradus et sedilia.
Macrobius, Sat. 6, 4, 4:
vomitoria „... unde homines glomeratim ingredientes in sedilia se fundunt."

Vulcanus —i, m.

a) fuit filius Iovis et Iunonis, qui a parentibus ob deformitatem caelo praecipitatus est deiectusque in Lemnum insulam. eā ruinā, quā decidit de caelo, claudus factus est. deus ignis et fabrorum praeses putatus est et fingitur etiam faber deorum, qui Iovi fulmina et ceteris deis arma adversus Gigantes fabricavit. officinam autem habere fertur in Lemno una cum Cyclopibus ministris. Venerem uxorem duxit, quam cum postea una cum Marte deprehendisset in adulterio, ambos reti et invisibilibus catenis ita colligavit, ut neuter abire posset, donec ab omnibus deis deabusque visi et derisi sunt.

opus caelatum: Vulcanus ad incudem *(incus)* stans cum tribus Cyclopibus malleis *(malleus)* ferrum tundit

Vulcaniae insulae, etiam Aeoliae nominantur. septem insulae sunt in mari Tyrrheno citra Siciliam sitae, quarum una est Lipara: omnium autem terra sulphurea est et ignem per intervalla evomens: inde fabulantur, ibi esse Vulcani officinam.
b) Vulcanus etiam metonymice de igne dicitur. Plautus, Amph. 341:
„quo ambulas tu, qui Vulcanum in cornu conclusum geris? "
h. e. ignem geris in *laterna* cornea.
c) **Vulcani etiam montes ignivomi nominabantur, ut Aetna, Vesuvius.

e prima Utopiae editione sumpta, quae insulam Utopiam a Thoma Moro inventam monstrat *(utopia)*.

imago titulum primae editionis (Lovanii 1516) praebet; Petrus Aegidius editor, Theodoricus Martinus impressor (typographus) fuit.

zodiacus −i, m.

haec imago est descriptio anni e codice conventus Sanctgallensis sumpta. monachus quidam Sanctgallensis saeculo nono post Christum natum annum duodecim signis zodiaci distinxit. usus est signis, quae iam antiquis temporibus inventa sunt. zodiacus est circulus eorum signorum stellarum, quae sol uno anno percurrit. *(balteus)*

zona −ae, f.

Gr. zōnē = cingulum.
a) zona est vinculum, quo cingimur: cinctus, *balteus*.
b) zonae dicuntur circuli quidam lati, caelum terramque veluti cingula quaedam ambientes. sunt autem numero quinque, ex quibus media, quae inter tropicos est, nimio calore, parum apta habitationi credita fuit; quae vero extremae sub Arctico et Antarctico circulis sitae, nimio frigore horrent: unde et ipsae inhabitabiles habitae sunt. reliquae autem, ut quae medium inter torridam et gelidam situm obtinent, temperatae sunt, humanae vitae accommodatissimae.

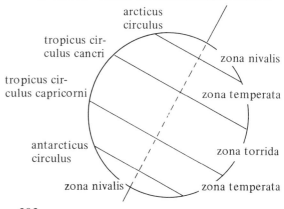

index vocabulorum

lemmata lineā subnotata sunt.

index locorum

proverbia et dicta

fontes praecipui imaginum

Ammann W., Baustilkunde, Bern 1969
Beer J. E., Die Rose der Kathedrale von Lausanne, Bern 1952
Bilderatlas zur Kulturgeschichte I, Aarau 1968
Blümner H., Technologie der Gewerbe und Künste bei Griechen und Römern, Leipzig 1875-1887
Campbell L. A., Mithraic Iconography and Ideology, Leiden 1968
Comenius J. A., Orbis Sensualium Pictus, Nürnberg 1658
Daremberg Ch. / Saglio E., Dictionnaire des Antiquités grecques et romaines (10 tomes)
Paris 1877–1911 (delineavit P. Sellier)
Dictionnaire archeologique des techniques, Paris 1963
Gaffiot F., Dictionnaire illustré Latin-Français, Paris 1934
Gerhard E., Auserlesene Vasenbilder, Berlin 1840-1858
Grenier A., Manuel d'archéologie gallo-romaine, Paris 1931 ss.
Grimal P., Nous partons pour Rome, Paris 1962
Guhl E., / Koner W., Das Leben der Griechen und Römer nach antiken Bildwerken dargestellt,
Berlin 1862
Harrison J. E., Prolegomena to the study of Greek religion, London 1903-1911, reprint 1961
Harrison J. E., Themis, London 1963 (reprint)
Kähler H., Rom und seine Welt, München 1960
Koepf H., Bildwörterbuch der Architektur, Stuttgart 1968
Laur-Belart R., Führer durch Augusta Raurica, Basel 1937
Lavedan P., Dictionnaire illustré de la mythologie et des antiquités grecques et romaines, Paris 1952³
Luckenbach H., Kunst und Geschichte, München, Berlin 1926
Lübkers F., Reallexikon des klassischen Altertums für Gymnasien, Leipzig 1891
Martin K., Kunst des Abendlandes, 1. Teil, Antike, Karlsruhe 1965
Mir J., Nova verba Latina, Barcinone 1970
Mužik H. / Perschinka F., Kunst und Leben im Altertum, Wien/Leipzig 1909
Nack E./Wägner W., Land und Volk der alten Römer, Wien 1956
Oerberg H. H., Lingua Latina secundum naturae rationem explicata, Copenhagen 1965³
Olaus Magnus, Historia de gentibus septentrionalibus, Romae 1555 (facs.)
Overbeck J., Pompeij in seinen Gebäuden, Altertümern und Kunstwerken, 4. A. im Ver. m. A. Mau,
Leipzig 1884
Pelletier A., Lexique d'antiquités romaines, Paris 1972
Réau L., Dictionnaire illustré d'art et d'archéologie, Paris 1930
Reisch G., Margarita Philosophica, Basileae 1503
Rich A., Dictionary of Roman antiquities, London 1849
Roscher W. H., Ausführliches Lexikon der griechischen und römischen Mythologie, Leipzig 1884-1937
Roux G., Delphi, Orakel und Kunststätten, München 1971
Schwarz G. Th., Die Kaiserstadt Aventicum, Bern/München 1964
Voit L., Raetia Latina, Düsseldorf 1959
Von Kampen A., Descriptiones nobilissimorum apud classicos locorum, Series I., Gotha s.d.
Wegener M., Das Musikleben der Griechen, Berlin 1949
Welper E., Elementa geometrica, Argentorati 1620
Witzig H., Das Zeichnen in den Geschichtsstunden, Zürich 1939

PLISCH ET PLUM

versus iocosi Gulielmi Busch
pictoris poetaeque de sermone
Germanico in Latinum conversi
auctore Ludovico Benning

pp. 72

ΜΑΞ ΚΑΙ ΜΩΡΙΖ

*παίδοιν
δολερῶς τε καὶ πανούργως
εἰργασμένα
ἑπτὰ μύθοις δηλωθέντα ὑπὸ*

ΓΟΥΛΙΕΛΜΟΥ ΒΟΥΣΧ,

*παιγνίων ποιητοῦ,
ἡλλήνισεν
᾿Ε. Στεῖνδλ Αὐστριακὸς
καὶ ἐξέδωκε τὸ
τῆς ᾿Αρτέμιδος
βιβλιοπωλεῖον.*

pp. 104

MAX ET MORITZ

puerorum facinora scurrilia
septem enarrata fabellis
quarum materiam repperit depinxitque
Gulielmus Busch
isdem versibus quibus auctor usus
Latine reddidit
Ervinus Steindl
Carantanus

pp. 104

PLAUTUS IN COMICS

Mostellaria
Plauti fabula
imaginibus et brevi textu
illustrata a
Helmut Oberst

pp. 80

28.50